斯科尔斯自传
SCHOLES: MY STORY

[英]保罗·斯科尔斯 著　　苏伊达　刘勇军 译

新世界出版社
NEW WORLD PRESS

SCHOLES:MY STORY by PAUL SCHOLES WITH IVAN PONTING
Copyright© PAUL SCHOLES,2011
First published in Great Britain by Simon & Schuster UK Ltd,2011
This edition arranged with SIMON & SCHUSTER UK LTD.
through Big Apple Agency,Inc.,Labuan,Malaysia.
Simplified Chinese edition copyright:2016 The New World Champion Co.Ltd.
All rights reserved.

图书在版编目（CIP）数据

斯科尔斯自传/（英）保罗·斯科尔斯著；苏伊达，刘勇军译. -- 北京：新世界出版社，2016.10
（群星闪耀时：这个时代的足坛传奇）
ISBN 978-7-5104-5996-2

Ⅰ.①斯… Ⅱ.①保…②苏…③刘… Ⅲ.①斯科尔斯—自传 Ⅳ.①K835.615.47

中国版本图书馆CIP数据核字（2016）第235884号

斯科尔斯自传

选题策划：	蒋 祥　邓东文
作　者：	［英］保罗·斯科尔斯
译　者：	苏伊达　刘勇军
责任编辑：	丁　鼎
责任校对：	宣　慧
责任印制：	李一鸣　高　金
出版发行：	新世界出版社
社　址：	北京西城区百万庄大街24号（100037）
发行部：	（010）6899 5968　（010）6899 8705（传真）
总编室：	（010）6899 5424　（010）6832 6679（传真）
	http://www.nwp.cn
	http://www.nwp.com.cn
版权部：	+8610 6899 6306
版权部电子信箱：	nwpcd@sina.com
印　刷：	北京旭丰源印刷技术有限公司
经　销：	新华书店
开　本：	660mm×800mm　1/16
字　数：	300千字　印张：19
版　次：	2016年10月第1版　2016年10月第1次印刷
书　号：	ISBN 978-7-5104-5996-2
定　价：	69.80元

版权所有，侵权必究
凡购本社图书，如有缺页、倒页、脱页等印装错误，可随时退换。
客服电话：（010）6899 8638

致克莱儿、亚伦、艾丽西亚和艾登

目录

前言　亚历克斯·弗格森爵士执笔　　　　　　　　　　1

1　一个男孩和他的皮球　　　　　　　　　　　　　　5
2　顺其自然（1994/1995）　　　　　　　　　　　　　15
3　双料荣耀（1995/1996）　　　　　　　　　　　　　21
4　胜利与磨难（1996/1997、1997/1998）　　　　　　29
5　三冠伟业，居功至伟（1998/1999）　　　　　　　　39
6　三年冠军，失望在后（1999/2000、2000/2001、2001/2002）　　61
7　不会唱歌——但豪情万丈（英格兰队 1997—2002）　　85
8　重回巅峰（2002/2003）　　　　　　　　　　　　　115
9　加迪夫的安慰（2003/2004）　　　　　　　　　　　131
10　一个痛苦的决定（英格兰队 2002—2004）　　　　　145
11　跌宕起伏（2004/2005，2005/2006）　　　　　　　153
12　一边儿去，穆里尼奥先生（2006/2007）　　　　　175
13　血与战利品——记莫斯科之夜（2007/2008）　　　197
14　双料帽子戏法和一次响亮的教训（2008/2009）　　223
15　亲亲脸就可以了……（2009/2010）　　　　　　　239
16　19 次联赛夺冠——该退役了（2010/2011）　　　255
17　我担心爵爷笑话我……（2011/2012）　　　　　273
18　心之所向是为家　　　　　　　　　　　　　　　283

博比·查尔顿赠言　　　　　　　　　　　　　　　294

我的职业数据　　　　　　　　　　　　　　　　　　296
致谢　　　　　　　　　　　　　　　　　　　　　　297
图片来源　　　　　　　　　　　　　　　　　　　　298

前言

亚历克斯·弗格森爵士执笔

曼联是承蒙天赐之福的。近十年来，大批技术精湛的球星在此云集，其中一些球员甚至在这个星球上无出其右，虽然我此番言论很可能让一个寡言单纯的兰开夏郡小伙儿尴尬羞涩，似乎他注定无暇顾及世间的纷纷扰扰，可毫无疑问的是，保罗·斯科尔斯已经在载誉无数的曼联俱乐部里，赢得了值得尊敬的一席之地。

要是你们想找一个基准线的话，邓肯·爱德华兹就是不二人选。博比·查尔顿爵士曾告诉我说他是这世间最棒的球员——在我看来他的确名副其实。接着你们可以把目光转向不可逾越的博比·查尔顿爵士本人；然后是丹尼斯·劳——在我的球员生涯扬帆起航之时，他就已经成为我心目当中的英雄了；还有就是无可争议的天才球员乔治·贝斯特。近年来，我有幸能将布莱恩·罗布森、埃里克·坎通纳、罗伊·基恩、瑞恩·吉格斯、克里斯蒂亚诺·罗纳尔多招致麾下，他们中的任何一人都是各自时代里世界上最伟大的球员——同样没有争议的是，斯科尔斯配得上与他们比肩而立。

这也就是为什么像齐内丁·齐达内、帕特里克·维埃拉、蒂埃里·亨利和埃德加·戴维斯这样的世界级巨星都不约而同地对保罗赞赏有加——当然，他是我这辈子见过的最为谦逊低调的人之一——也许是他的真诚打动了所有人。

我第一次看到斯科尔斯时，当时的青训主管布莱恩·基德正带着他和另外一个小伙子参加一队训练。他们就这么来到了更衣室门口。基德对我说他们都来了，可当我往外探出脑袋时，却连一个小伙子都没看见。于是我问道："他们在哪儿呢？"结果他们一直都在，只不过站在基德身后，身材矮小到我几乎都看不见他们。

保罗一开始踢球，你就能够领略到他卓尔不群的能力，可他还是太矮小了！有一天我找来助理吉姆·瑞恩，对他说："他不会有什么前途的，他就是个小矮人。"没错，这句话后来成了一句经久不衰的笑话。随着斯科尔斯愈发成功，吉姆也总是不厌其烦地让我记起这段尴尬的经历。每次他一旧事重提，我就得老老实实地举手投降。要知道,当时他还只有12岁，作为一个青少年，发育得非常缓慢。

保罗就这么长到了一米七多一点儿,对一个中场球员来说也算凑合了。瞧瞧哈维、伊涅斯塔、法布雷加斯——他们都不算人高马大——可当我们在世界杯的舞台上见识到西班牙"斗牛舞"时,他们的表现难道还不令人瞠目结舌吗?

的确,作为一名中前卫,保罗怎么说都还是矮小了些。刚进队里来的时候,他打的就是这个位置,很显然,我们当时认为他并不符合这个位置的角色定位。可没过多久,我们就意识到他简直是一名天生的中前卫。他超凡卓越的比赛能力消除了所有质疑。他的传球总是那么与众不同,总是能够游刃有余地应对任何对手,这点其他队的教练员心里都清楚。在一次应战热刺的比赛中,我们让他替补登场,哈里·雷德克纳普立马派遣威尔逊·帕拉西奥斯盯防他。可这都是徒劳的,因为保罗无人可挡。

有人会对斯科尔斯的抢断拦截横加诟病,可老实说,他的抢断并没有那么糟糕。他从来都不是球场上的"连环杀手",从不恶意侵犯,也从未真正伤害过任何人。他从未长期缺席球赛,总是不知疲倦地从球场这头跑向那头,从来没有担心过自己马拉松般的职业生涯。我知道,正是因为他的这种竞技情绪让他有时会做出粗鲁的抢球,很不幸,他还为此背负了恶名。要问我是否担心过他?那还用说吗!不过有趣的是,他拿了张黄牌倒没什么,因为他清楚再拿一张黄牌的下场会是什么。

事实上,斯科尔斯因伤停赛可远比因牌停赛要多得多,要是把这些日子加起来的话,没准相当于两个赛季那么长。这也让他为曼联出战的七百来场比赛显得弥足珍贵。

从做人的角度来说,斯科尔斯总是以安静的形象示人,事实上他是表里如一的。可我得说一句,他这种性格并不代表他愚笨。根本不是。举个例子,他能够毫不徇私地阅读人心,几秒钟内就可以察觉出谁是伪君子,而且每次都能戳破牛皮,洞见真知。一般来说,他并不会主动表达自己的想法,可每当我询问他的意见时,他总能立马做出判断,直截了当,在情在理,绝不会有半点儿含糊。他就是这么个黑白分明的人,我就是喜欢他这一点。

为曼联效过力的球员可谓不计其数,但没有一个人能像斯科尔斯这样,时刻保持头脑清醒。他的性格令人肃然起敬。你从来用不着担心他下午上完训练课后会去什么地方鬼混,因为他总会老老实实地回到家里,陪他儿子亚伦玩皮球。对他来说,最美好的生活莫过于此,他本人也是如鱼得水。他珍惜自己的幸福家庭。虽然他成就斐然,但他这些年来从未改变初心,依旧竭心尽力地保护家人的隐私不受外界干扰。

斯科尔斯也有他幽默风趣的一面。要是有人在训练场边尿尿还被他发现了的话,下场会很惨。直到现在,我还记得有次加里·内维尔偏不信邪,"顶风作案",一个人小跑了差不多40码的距离，朝着围栏鬼鬼祟祟地方便了起来。就在他正爽快的时候，喜闻乐见的事儿出现了，只听"砰"的一声响，斯科尔斯飞起一记右脚，准确无误地将皮球砸中了内维尔的后脑勺。他真就有这么准。约翰·奥谢是另一位受害者，只是他那次没准跑得更远些。反正我每次到训练场都战战兢兢的，生怕斯科尔斯也给我整这么一出。每当有队员站在我身后时，我脑袋里总是担心着同一个问题："不会是你吧，斯科尔斯？"

他跟大舒梅切尔也有一段趣事。在射门练习的时候，舒梅切尔总会离开门线七八码的距离，这样队员和斯科尔斯要想把皮球搓过他的头顶就很难了。舒梅切尔觉得让这种球进门简直是奇耻大辱，绝对会让他火冒三丈。有一天他气急败坏地告诉斯科尔斯说："要是你再这么射门，我绝饶不了你。"轮到斯科尔斯射门，自然，他又把皮球搓过了舒梅切尔的头顶，再次把他耍了个落花流水。舒梅切尔心里那个气啊，整个人像火箭一样冲了出来，追在斯科尔斯后头满场飞奔。你很难想象，一个大高个拖着双大长腿去追一个步频超快的小个子，那场面得有多滑稽！我们都笑得前仰后合。不得不说，还好当初舒梅切尔没能抓住斯科尔斯，要不然，我们就要失去一位伟大的中场啰！

当然啦，保罗可不仅仅只是个淘气鬼，如今的他还有老到智慧的一面。这些年来，不少球员在他的帮助下获益匪浅，而且他经常和小球员们打成一片。他总是直言不讳，

前言 亚历克斯·弗格森爵士执笔

对成为一名职业球员的方方面面全都了然于胸。相比个性更加张扬的球员来说，斯科尔斯这样安静的人会更有优势，因为他们懂得取舍之道，退一步，海阔天空。斯科尔斯拥有这种潜质，我相信，转行当教练的他必定能迎来璀璨的未来，曼联的教练席永远都会有他的一席之地。我认为他早晚都会脱颖而出，不过不会成为一名像阿尔奇·诺克斯或史蒂芬·麦克拉伦那种趾高气扬、咄咄逼人的教练，而是像卡洛斯·奎罗斯那样，成为一名善于思辨的教练，没准能够更好地与球员共事。

在他告知我他打算于2011年5月退役时，我理解他的理由，也绝对尊重他的决定。我曾告诉过他，他还能再踢一年，也许再参加25到30场比赛，可当时他的职业进取心不容许他这么做。他想要人们记住那年单个赛季出场50场的斯科尔斯，而不是区区25场。这是他对自己的剖析，他真正做到了忠于自己，一如既往。

可到了2011/2012赛季半程时，他过来找我说："我想当初我弄错了。我想回来踢球。"我没有理由拒绝他，而且我知道球员和球迷都会欢迎他的回归。他训练时仍像野兽般精力充沛，身体状态也保持得非常好。那个赛季大多数剩余的场次斯科尔斯都披挂上阵，表现可圈可点。更难能可贵的是，他的出现又将球场上的冷静思考带回到我们球队里面，极大地帮助了我们掌控比赛的节奏，这种能力来自于天生的意识和视野，教练是没法儿教的。失去像保罗这样的巨星，对任何一家俱乐部而言都是很难承受的，曼联自然也不例外。

如今，他又回来了，又出现在了2012/2013赛季的大名单里，届时他还会是当年的那个他。要是他在一两场比赛中有任何疲劳的迹象，我们也能觉察出来，并想办法进行控制。保罗·斯科尔斯远未走到职业生涯的尽头——这对曼联来说无疑是一则天大的好消息。

亚历克斯·弗格森爵士
于老特拉福德
2012年9月

1

一个男孩和他的皮球

　　足球总是让我如痴如醉。早在上小学的时候,每天早晨我都会提前半个小时从家里赶到学校,为的就是到操场上踢球,直到上课铃响才悻悻而归。偶尔会有一些同学和我一起,可大多数时候我都是独自一人,不过我一点儿都不在乎。只要有球玩儿我就开心。

　　最叫我魂牵梦绕的还是能踢上足球比赛。低年级的时候,我就经常在球场边转悠,看看高年级的学生打比赛,满心期望他们能够邀请我加入。有一次我跟他们踢开了,他们觉得我踢得还不错,索性就让我跟他们一起玩了,要知道,当时的我可比他们小两三岁呢! 每周日下午,我们都会到当地的足球场上踢三四个小时,就算回了家我也没闲着——邻居总是因为我把球踢到他们的栅栏上而大动肝火。打从一开始,足球于我而言就是一种生活方式。

我很早以前就开始练习控球了,下面这些图没准是帕特里克舅舅在位于曼彻斯特市米德顿的家里拍摄的,我那时才三四岁,从照片中不难看出,年幼的我已经展现出了对足球超乎寻常的兴趣。

◀ 回过头来看大图,我发现,这个动作有助于让我紧盯足球,同时从我双手握拳的姿势可以看出,我下定决心要随心所欲地掌控皮球。左上图中的我也许是想要做守门员的动作,接着在右图里,我在练习自己的头球技巧,从我踢起右脚的动作可以看出,我标志性的拦截动作在那个时候就已经开始成形了呢!

图中的发型还真出乎我的意料。打那以后,我的头发再也没有留过这么长。虽然拖把头的确是 20 世纪 70 年代年轻人的时尚潮流,但我向你保证,将来再也不会时兴这种发型了。

我跟帕特里克舅舅很亲,他是我母亲的弟弟,在我还是个孩子的时候,没少跟他一起玩耍。他钟爱的球队是曼联,在他年轻时,曾追随俱乐部跑遍了整个英国,还喜欢把旅行的见闻讲给我听。我敢肯定,自己之所以如此热衷于足球,很大一部分原因都要归功于他。我对足球的热爱也随着年龄的增长而与日俱增。我妹妹乔安妮就不同了,她对足球压根儿就不感兴趣,所以一有其他孩子在踢球,我就会去凑热闹。要是没有别人,我一个人踢球自娱自乐也没关系。恐怕我再也想不出更好的办法来打发时间了。老实说,换做是现在也想不出。

▲ 在为邦得里公园校队效力时,我很早就养成了一定要赢球的习惯,并且掌握了过硬的足球本领。这个球队设立在奥尔德姆城,跟奥尔德姆竞技队没有一丁点儿关系——虽说我少年时期曾为它短暂效力过一段时间。前排右三就是我。曼联粉丝没准还能认出加里·内维尔(后排左三)和尼基·巴特(前排左二)。

我身旁拿球的那个小伙子叫保罗·基夫,他是前埃弗顿球员兼爱尔兰国脚埃蒙·基夫的儿子。保罗与我同时加入曼联,我们的风格也十分相似。而且,都有人告诉我们说,要想成为足球运动员,我们俩的个头太矮小了。可就在我幸运地一路过关斩将之际,保罗却找了个圈外的工作,告别了足球。有趣的是,后来他的身高甩了我好几条街。

在我大约13岁的时候,每周六我随邦得里公园校队参加比赛,赢下了所有我们参加的比赛。周日,我又跑去为圣托马斯·摩尔俱乐部效力——可能你会说,我对足球真是到了疯狂的地步。

> 在我加入邦得里公园校队时,保罗已经站稳脚跟了。凭借出色的技巧,他早就在行家的眼里脱颖而出。可当时我才15岁,第一印象还是觉得他过于矮小。他这样怎么跟别人比赛呢?
>
> ——加里·内维尔

◀ 在曼联青年队里头,恐怕只有一个家伙踢球时会把球袜压在脚踝处。没错,那个家伙就是我,来自兰利市社会福利住房的小邋遢鬼,1992年2月的我跟如今的我相比,是一样的不修边幅。事实上,我也弄不清,当初怎么就没人叫我把袜子给提上来呢。我可没想过要特立独行,只是直到现在才发现这一点而已!

平心而论,确实有些男孩把一部分该用来干正经事的时间都花在了摆弄发型上,比如前排最左的罗比·萨维奇和他身旁的大卫·贝克汉姆,他们总喜欢抹发胶,让自己看起

来跟电影明星似的。拉斐尔·布克也喜欢这么干,他就站在萨维奇后头。你也瞧见了,我的头发可就没那么引人注目啰!

　　我是在布莱恩·基德的发掘下加入曼联的,当时我14岁,正在为曼彻斯特市米德顿的兰利红衣主教中学校队踢决赛。他本人就在那儿颁奖,赛后还邀请我们当中的一小撮人进行试训。从那之后,我就与老特拉福德结下了不解之缘。

　　整张照片上的人员排列如下,后排从左至右:拉斐尔·布克、加里·内维尔、西蒙·戴维斯、约翰·奥凯恩、安迪·努恩、尼基·巴特、本·索恩利。前排从左至右:罗比·萨维奇、大卫·贝克汉姆、乔治·斯维泽、凯斯·吉莱斯皮、我还有克里斯·卡斯珀。

> 斯科尔斯从来不会担心自己的形象。那会儿他就开始凭借自己的才华崭露头角了……从不靠所谓的穿衣品位。
>
> ——加里·内维尔

　　保罗和我13岁时就成了亲密朋友,我们打从一开始就很合得来。每次我们乘大巴从曼彻斯特城中前往位于克里夫的训练基地时,他都表现得像个淘气鬼,一肚子的恶作剧。我俩喜欢坐在上层车厢,每当有人走楼梯上来时,他总要大喊一声,然后藏在椅子后头,撂下我一个人来应对接下来的尴尬情形。

　　有一次在克里夫,他实在是太淘了,甚至某个一队的球员都把他给塞到烘衣机里头了!还有一次,他们把他弄进了一个大的装备袋里头,居然还把拉链拉上了!我记不清他当时到底做了什么,可我敢打包票,他绝对是"罪有应得"。

——尼基·巴特

1　一个男孩和他的皮球

▲ 我记忆最为深刻的瞬间是在1993年青年足总杯决赛,当时我们对阵利兹联,下半场我在埃兰路球场打进了一记点球,可于事无补,我们还是以1∶2(总比分1∶4)的比分负于对手,早前我们在老特拉福德就已经以0∶2告负了。走向罚球点的我神情紧张,毕竟当时有三万名球迷注视着我,这无疑成了我当时经历过的最大场面。我得说我的罚球非常完美,可老实说,真的不容易,皮球是从对方门将保罗·佩廷格的腋下滑入网窝的,他当时判断对了方向。利兹联那时候的阵容真不赖,拥有像诺埃尔·惠兰、杰米·福雷斯特、凯文·夏普、马克·丁科勒和罗布·鲍曼这样的球员。他们当时比我们强很多。我从来没有赢过哪怕一枚青年足总杯奖牌,1992年曼联击败水晶宫夺得该项锦标时我并不在阵中。

◀ 这就是我招牌式的"时髦"发型了,左右两边完全剃掉了,显然是决赛前一天特意去理发店弄出来的"杰作"。我跟其他大多数小伙子不一样,发型谈不上百变。我倒是喜欢剃个平头——因为这样好打理。相比之下,我的球衣就比我有型得多了——我特别喜欢这件翻领球衣,是埃里克·坎通纳和我的队友让这件球衣名声大噪,我们就是穿着它赢得了头两个联赛冠军和一次足总杯冠军。不过我穿长袖感觉别扭,相比之下更喜欢短袖。

我总是那么瘦小,面容比实际年龄更显稚嫩,而且也是"92黄金一代6人组"中最晚一个进入一队上演首秀的人——另外五人分别是瑞恩·吉格斯、大卫·贝克汉姆、尼基·巴特和内维尔兄弟。我的成长的确比别人慢了些。没准我这五短身材反倒帮了我的忙,可能某些个大块头看到我,心里总在窃喜,觉得接下来的比赛会非常轻松。但我总会带给他们一些"惊喜"。我不能在身体对抗上占得上风,因此只能寻找空当,避免身体对抗。这对我来说是个不折不扣的挑战,而且我相信,也正是因为如此,才能将我锻造成为一名更加出色的球员。

▼ 1992/1993赛季,在曼联夺回阔别25年之久的联赛冠军的那天晚上,我有幸在老特拉福德球场从博比·查尔顿爵士手中接过当赛季曼联队内最佳年轻球员的奖牌,这次经历比任何一次美梦都更加香甜。

值得注意的是,这并不是我本来的着装。那天晚上我原本是穿皮革上衣的,之后才找人借了这套外衣和领带。要是有人说我穿了套蹩脚的衣服,那我可担不起这项罪名!在当时,我甚至都拿不出这么一套像样的衣服。不过当时也说好了,我应该在镜头前穿戴体面。用现在的话来说,当年17岁的我更像个"年度中二球员",站在一旁的科林·麦基相较之下就显得顺眼多了。

1 一个男孩和他的皮球

◀ 1993年夏天,我被征召进入英格兰队参加U18欧锦赛。在对阵法国队的比赛前,我的表情倒还淡定,但请相信我,我当时内心已经泛起了千万层波澜。我和利兹联的杰米·福雷斯特一道首发登场,之后双双被女王公园巡游者的凯文·盖伦和利物浦的罗比·福勒换下,他们包办了当场的两粒进球,帮助我们以2∶0的比分赢下了比赛。

▶ 这张照片摄于1993年7月,当时我们在U18欧锦赛决赛中对阵土耳其,比赛地点在诺丁汉的城市广场球场。我当时在寻找传球的线路,然后进行了一次空中对抗。由于当时我的曼联队友尼基·巴特停赛,我才有幸上场比赛。我很高兴能够尽自己的绵薄之力,帮助球队以1∶0的比分夺得奖杯。这一粒金子般的进球来自热刺队达伦·科斯基的点球。显然,青年足总杯决赛对阵利兹联的那粒稍带幸运的点球没能帮助我获得这次罚球的机会。

▲ 照片上的我们刚刚在胶着的比赛中击败土耳其,赢得了 1993 年 U18 欧锦赛的冠军,每个人都欢欣鼓舞。看起来索尔·坎贝尔在带领大家振臂欢呼,甚至就连我也加入了进来!那是一支人才辈出的球队,给我留下了美妙的回忆。后排左起依次是:理疗师戴夫·加利、凯文·盖伦、凯文·夏普、克里斯·戴伊、安迪·马歇尔、索尔·坎贝尔、罗布·鲍曼、尼基·巴特、泰德·鲍威尔教练。前排左起:朱利安·约阿希姆、我、诺埃尔·惠兰、杰米·福雷斯特、克里斯·卡斯珀、达伦·科斯基、罗比·福勒、马克·丁科勒、加里·内维尔。

◀ 英格兰阵中的曼联球员、得意扬扬的四人组:我、尼基·巴特、克里斯·卡斯珀和加里·内维尔。

2

1994/1995

顺其自然

　　我从未对自己的足球生涯有过规划，一切就这么自然而然地发生了。还是个小屁孩的时候，我就跟曼联建立了某种联系。我的脑袋里从未闪过告别足球而去另寻生计的念头。跟同辈人相比，我的发展的确慢了半拍，可看到尼基·巴特、加里·内维尔和贝克汉姆在我之前一路杀到一队也很不错，因为在 1994 年秋的联赛杯对阵维尔港的比赛里，首次代表一队出场的我看到这些熟悉的身影，心里头是安全感十足的。

　　之后的赛季里，我身边的队友是巨星级的埃里克·坎通纳、马克·休斯和罗伊·基恩等人。虽然整个赛季我们高开低走，最终与联赛冠军和足总杯擦肩而过，但就我个人而言，我知道自己正在一条正确的康庄大道上勇敢前行。

▶ 1994年9月21日，我19岁，看起来依旧稚气未脱，当时我们在联赛杯上对阵维尔港，这是我在曼联一队的处子秀。虽然就我个人而言，要轻描淡写地说这一天没什么大不了的还真有些不切实际，可我真心觉得这都是一个水到渠成的过程，就如同白天来曼联参加集训一样。这倒不是说我曾经认定自己能够跻身一队，我每场比赛都竭尽全力，其他统统顺其自然。彼时维尔港主场涌入了 1.8 万名球迷，现在看来这个数字也许不算什

么，可对当时的我来说，绝对算是大场面了。我的父母都到场观赛了，我未来的妻子克莱儿也来了，当然还有我的岳父岳母大人，是啊，我的确有些紧张，是一如既往的紧张。不过我觉得这个很正常——它让你有备无患，让你能够准备好应对激烈的比赛。

◀ 我当时踢中锋的位置，做梦都想不到我会在处子秀中包揽两球，在球队一球落后的情况下以 2∶1 的比分逆转取胜。我先是从对方防守队员脚下截住皮球，获得单刀机会，面对出击的门将，我选择了吊射。我没有刻意地去想该如何射门，只是很自然地将球挑过对方门将的头顶。我觉得这纯粹就是直觉。

▶ 大卫·贝克汉姆是第一个跑过来和我庆祝的球员,之后的几年里也都是如此。没过多久,在我打入制胜进球后,他又飞快地跑了过来,他真是个棒小伙儿。我们一同成长,能跟他一同分享这些激动人心的时刻真是叫人开心。我之前说过,和青年队的其他小伙伴相比,我的成长略显慢半拍。贝克汉姆 17 岁就已经进入一队了。我的成长道路则稍显漫长,何况中锋的位置竞争激烈,曼联在这个位置上有过许许多多杰出的球员,比如马克·修斯、埃里克·坎通纳、布莱恩·麦克莱尔,之后还有安迪·科尔。可你得相信,是金子总能发光,最终你会得偿所愿的——很幸运,我做到了。

(当时)我们在庆祝保罗的第二粒进球……我总会第一个跑过去庆祝队友的进球,因为我渴望分享他们的喜悦。我本身就是个曼联球迷,我也想跟任何一位球迷一样欢呼庆祝。斯科尔斯玩似的就能打进一些不可思议的进球。我们在一起踢球很多年了,对彼此的球风也是了然于心。要是我的传球能够帮他进球,那就再好不过了。帮助队友进球跟自己进球一样叫我开心。

——贝克汉姆

▲ 噢，老天！这张照片看上去就像是任何一个9岁的孩子在公园里踢球，然后扮飞机飞奔一样。可事实并不是这样——1994年9月对阵伊比舍维奇的比赛中，我打入了在曼联的个人首粒联赛进球，这是我当时的庆祝画面。我的儿子亚伦今年13岁了，他看上去都比照片里的我成熟много！说实话，那天下午我心情挺复杂，距离我在维尔港球场上演首秀仅仅过了3天而已。在比赛还有30分钟结束之际，我替换李·夏普上场，踏上朴文路球场的草地。当时我们两球落后。我从座位上起身时，爵爷果断变阵，把罗伊·基恩移至右后卫的位置上，没过多久，这一改变就收到了成效。罗伊先是助攻坎通纳扳回一城，过了3分钟，他又沿着右边线飞奔过来，从对方球员脚下断下皮球传给了我，我顺势在门前6码处抢点扳平比分。自然，我当时乐坏了。没有什么能比在这种级别的比赛中打入一球更让人酣畅淋漓的了。刚进入一队就能在头两场比赛中斩获进球简直让我喜出望外——所以照片中的我显得呆萌十足。

唉！谁知好景不长。在我扳平比分之后，比赛还剩最后15分钟，我本以为全队能够就此一鼓作气全取3分，但半路突然杀出个伊比舍维奇的史蒂夫·塞德利，打进了制胜进球。我的努力就这么付诸东流了，它也让我牢牢记住一点，在足球场上，凡事不能想当然。

◀ 这张照片拍了得有16个年头了，每每看到它仍叫我唏嘘不已。当时还是我为曼联效力的首个赛季，我算是球队里的边缘人物。球队在温布利大球场与埃弗顿争夺足总杯冠军。比赛还剩半个小时，面对对方门将内维尔·索夏尔，我本来有一次绝佳的机会可以扳平比分，可惜没能把握住。

现在看来,我明白了为什么他是一位伟大的守门员,有人说他的两连扑精彩绝伦,可事实却是我第一脚打门太正了,第二脚补射又没有控制好回弹的皮球,没能发上力。最终我们0:1告负,之后的几个星期里,我都郁郁寡欢、懊悔不已,满脑子都是我错失机会时的糟糕情景。好吧,那的确算不上是一次绝佳的机会,而且我也受到了大卫·昂斯沃斯的干扰,可我理应做得更好。直到很多年过去,我才鼓足勇气去看当时的录像。老实说,我一直费尽心力地去回避它,可一旦我不小心看到,就会感觉非常难过。因为比赛的前几周,我们在对阵西汉姆联的时候就以一球之差错失联赛冠军,接着,又输掉了这次足总杯决赛。

▶ 这张照片深刻地展示出我当时的懊丧之情。在索夏尔扑出我射出的球后,我真有种泪崩的感觉。最糟糕的是,下一场比赛还远在天边,我心头的阴影因此许久挥之不去。

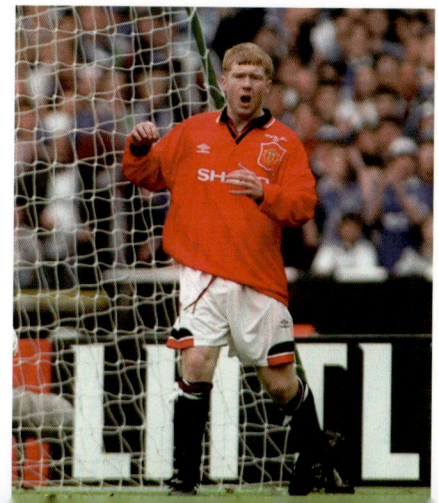

▲ 他看起来也许像个和蔼可亲的邻家大叔,手里握着香槟和奖杯。可我得告诉你,埃里克·哈里森——这位战功彪炳、功勋卓著的曼联青年队教练——可绝不是好惹的。

他可谓是最严厉的"包工头",尽管每个人都小心翼翼地避免自己的名字出现在他的黑名单上,但这些年来,我们没少让他劈头盖脸地臭骂过。我们可不想挨骂,可那时的我们需要的就是这个。他帮助我们树立了好的习惯,并且培育了我们的职业道德。这在每场训练和比赛中都对我们大有裨益。

当然,埃里克不只是我们的"军士长",他还是个十分了解足球的人,能够把每一场比赛解读得相当透彻。他传授我们曼联的足球哲学,毋庸置疑,他也是对我职业生涯影响最大的导师之一。现在顾盼回首,我要为他对我的言传身教表示由衷的感激和敬意。我们都知道他发起火来有多么可怕,但我们心里很清楚,他都是为了我们好,我们欠他太多太多了。

埃里克和我们这帮刚刚打入一队的"小鲜肉"们合影留念。从左至右依次为:带队老大哥吉格斯,然后是尼基·巴特、大卫·贝克汉姆、加里·内维尔、菲尔·内维尔、我和特里·库克。我很高兴,特里也在照片里头,这样一来,我就不是最矮小的那个人啰!

3

1995/1996

双料荣耀

　　1995/1996 赛季可以说是我第一个完整的赛季。当季我首发出场 18 次，替补出场 13 次，总共打入 14 粒进球，帮助曼联 3 年内第二次夺下联赛和足总杯双料冠军。不过我仍然觉得自己能够更上一层楼。

　　去年夏天，许多足球巨星离开了曼联，如马克·休斯、保罗·因斯和安德雷·坎切尔斯基。许许多多曼联的拥趸都对此大为困惑，更何况我们之后并未进行大手笔的引援。可从另外一个角度来说，像我这样的年轻球员因此得到了更多的磨砺机会，为在老特拉福德的未来打下了坚实的基础。英国广播公司的资深评论员阿伦·汉森偏不信邪，曾放言"仰仗娃娃兵的俱乐部终将一事无成"。现在看来，我得说，他这话算是言之过早了……

▲ 当你把皮球绕过门将,看着皮球即将越过又没有越过门线的那一刹那,是最能让人心醉神迷的了,每个前锋都体会过这种感觉。那真是一种奇妙的体验,我恨不得将其一一储存起来,以后掌出来细细回味。这张照片摄于 1995 年 9 月,当时我们坐镇老特拉福德以 3∶0 的比分赢下了同博尔顿的比赛。在青年队表现优异的特里·库克上演了一队首秀,并且为比赛的胜利立下了汗马功劳。图中,我刚刚接过瑞恩·吉格斯的传中,赶在对方门将基斯·布拉纳甘和中后卫克里斯·费尔克拉夫之前将皮球捅进网窝。不过我们的第二粒进球更加精彩——这都要归功于特里神乎其神的技术。

当时他在右路找到了我,然后来了一记花哨的脚后跟传球,我第一时间将球回做,他又完美地把球传中给了吉格斯,后者轻松地将球打进。之后,有一位记者甚至把特里跟迭戈·马拉多纳相媲美,虽说这有点儿言过其实,但足以看出特里精湛的球技。

比赛即将结束的时候,我又收获了自己的第二粒进球,为那个下午画上了圆满的句号。这是我当赛季为曼联连续出场的第七场比赛,轻而易举地创下了个人当时的最长出战纪录。

◀ 对每个曼联铁杆粉丝来说,照片中的这一瞬间都值得一生典藏。1995 年 10 月,我在老特拉福德首次出战曼彻斯特德比,比赛开始刚刚 4 分钟,我就接吉格斯的角球以一

记头锤首开纪录——更加难能可贵的是,这粒进球成为该场比赛的唯一进球。当时曼城队教练是阿兰·鲍尔,我猜他大概做梦也没有料到,场上最矮小的球员居然会利用定位球头球得分。

慢跑在我身后庆祝进球的是加里·帕莱斯特,他的脸上似乎总是挂着那副迷人的微笑。像他这样的老队员总会让像我这样的年轻球员产生一种家的感觉。有人说帕莱斯特长得有点儿像米老鼠,不过这也提升了他的亲和力,帮助我们更好地融为一体。他是一名了不起的中后卫,总是在关键时刻站出来力挽狂澜,所以,我猜要是把球顶进曼城球门的是他而不是我,鲍尔没准儿就不会那么惊讶了。

一开始,斯科尔斯在更衣室里还像个文文静静的小伙子,可不久我就发现,出了更衣室的他跟人打起交道来就是另一番样子了。保罗跟尼基·巴特简直就是一对活宝,总是在我们晚上出去聚会时逗得大伙儿前仰后合。保罗让我想起了丹尼斯·埃尔文。他抖起包袱时不紧不慢,可等你抓住笑点的时候,又觉得这家伙实在是太损了。你大可以管他叫"沉默刺客"。

——加里·帕莱斯特

▲ 我知道，我知道，我看起来还不到喝啤酒的年龄，可没关系，我身旁坐着两个负责任的成年人。在锁定联赛冠军后，能跟罗伊·基恩和史蒂夫·布鲁斯坐在米德尔斯堡更衣室里欢庆，我感到十分荣幸。

我真幸运，能够与这么多顶级球员同袍奋斗，场下的他们也都是非常不错的人。布鲁斯总会对你嘘寒问暖，在恰当的时机为你建言献策，也愿意开你的玩笑，这表示他接纳你，把你当自己人看待。要是你失误了，他也会责骂你。不过在大多数情况下，罗伊·基恩更有可能在你发挥失常的时候臭骂你一顿。所有经验丰富的球员——虽然他们像皮特·舒梅切尔、保罗·因斯、丹尼斯·埃尔文那样性格迥异——都无时无刻不在鞭策着我们这群年轻球员奋发图强，激励着我们追求卓越。我们从他们身上学了很多，同时又亏欠他们太多了。

我们总是希望年轻队员能够轻松愉悦，跟他们开玩笑是一个办法。还有一个，就是要用到克里夫训练基地的大型烘衣机，把犯了错的年轻队员关在里头。甚至有那么一两次，烘衣机的开关还叫人给打开了，不过那可不是我干的。这么做可是犯法的。

就足球本身来说，斯科尔斯的能力是毋庸置疑的。在青年队，人们就送了个"生姜头魔法师"的外号给他。一些人甚至断定他会成为未来曼联的领军人物。这么说也不无道理。从来都没有人听过他吹牛皮，他总是勤勤恳恳，就是这么个实诚人。

——史蒂夫·布鲁斯

◀ 我当时高兴死了！要是就这么上了天堂我都不后悔！那是我在米德尔斯堡的更衣室内拿起联赛冠军奖杯时的真实写照。当天傍晚，我们在河畔球场以3：0的比分锁定了1995/1996赛季的冠军。我还是初尝联赛冠军的滋味，我当然喜欢这种感觉啦！仅仅只是为曼联出战就让我兴奋不已了，更何况在我职业生涯刚刚发轫之际，居然能够赢得如此重要的冠军头衔，真是令人难以置信！

那场比赛我跟坎通纳联袂首发，不过老实说，我表现得不怎么好。于是爵爷在下半场开始刚10分钟就让安迪·科尔替下了我，对此我一点儿也不意外。这次换人是明智的，安迪第一脚触球就把我们的领先优势扩大到了两球（大卫·梅进的第一个球）。瑞恩·吉格斯锦上添花，纽卡斯尔最后又打平了。我们以4分的优势撞线登顶。

▲ ◀ 作为一名初出茅庐的曼联球员,能够拿到多少座奖杯? 在 1996 年春天,这是一个耐人寻味的问题。帮助球队拿到 4 年内的第三座联赛冠军头衔? 真是妙不可言! 在温布利大球场洗刷去年的耻辱,重新捧得足总杯? 简直无与伦比! 在拥有超凡魅力的队长坎通纳的带领下,在最后阶段奋起直追,实现完美逆转? 完全难以置信! 要知道,我们的国王(指坎通纳)才刚刚度过了自己漫长的禁赛期,王者归来。噢! 还记得那个让我们永世难忘的 5 月下午吗? 还记得对手是谁吗? 是利物浦! 拜托! 快来个人帮我镇静一下吧!

好吧,我知道那是一场小心谨慎的比赛,双方都表现得中规中矩,互相化解着彼此的攻势。对中立球迷来说,不免有些无聊。但对于曼联来说,当时的场景如梦似幻。要知道,利物浦在 20 世纪 70 年代至 80 年代可谓是足坛霸主。我们当时还有很长的路要走,但至少我们在追赶他们那惊人的夺冠数量。比赛第 65 分钟,我替换安迪·科尔上场,卖力地来回奔跑(见右图),但和其他人一样,始终没能打破僵局。就连利物浦老将、足坛艺术家约翰·巴恩斯也是毫无斩获。图中,他正在加里·帕莱斯特和我的包夹下护

住皮球。可接着,埃里克·坎通纳石破天惊的神来之笔终于收获成效——而且时机也刚刚好,距离比赛结束还剩区区 5 分钟时间——忽然之间,我们全都欣喜若狂。

　　第一次在青年队见到这个小伙子的时候,我就觉得,他要想获得成功就必须比别人更加卖力。斯科尔斯不仅做到了,而且还做得更好。等他进入一队,很快就没人敢小瞧他了。有次他在斯坦福桥与丹尼斯·怀斯狭路相逢,把后者折腾个够呛。现在说来,丹尼斯在场下是个了不起的人,可到了场上绝对让你不寒而栗。不过那天,保罗和巴特证明了自己,以其人之道还治其人之身,还连本带利加倍奉还。他的才华毋庸置疑,不仅如此,他的性格和勇气同样为人称道。

——加里·帕莱斯特

▲ 跟吉格斯一起手捧足协杯。在晚上庆典活动开始前,他就小酌了一罐啤酒。不过,从他那呆滞的目光来看,说他提前喝了两罐也没冤枉他呢!

庆典进行了两三天,首先是在酒店里同我们各自的妻子、女友和家人举行聚会。第二天,我们肚子里的酒水还在打转,就马不停蹄地乘火车回到曼彻斯特,参加传统的大巴游行——有些人还没缓过酒劲儿,甚至连登上大巴顶层都难呢! 之后,大家伙儿又跑到另一家酒吧里,再最后畅饮了一回,向美妙的赛季挥手告别。总的说来,大家伙儿那个周末都过得非常开心。

我很喜欢庆功宴,所以没准那会儿我才刚开始喝呢。好吧,也许的确是第二罐——我都不知道,原来他在帮我数着呢。我是不是该确保年轻人远离酒精? 要是受监督的对象是他的话,那我可得多多卖力才行!

——瑞恩·吉格斯

4

1996/1997、1997/1998

胜利与磨难

　　经过 1996/1997 和 1997/1998 赛季,我相信作为一名球员,自己已经日臻成熟,越来越融入到球队中来,不过随着一年又一年春天的来到,也会时常出现矛盾复杂的心情。

　　1997 年我们在联赛中卫冕成功,但是埃里克·坎通纳退役的消息一度让欢快的庆典气氛蒙上阴云。接着到了 1998 年,虽然我们二月份曾以 11 分的分差将阿森纳甩在身后,但之后我们却被惊天反超,阿尔塞纳·温格的球队在下半程的逆转表现不可不谓之完美。

　　3 月在老特拉福德应战阿森纳的比赛成为当赛季的转折点,马克·奥维马斯打进了绝杀球。我们当时伤病球员很多,阵容并不完整,但老实说,阿森纳取得胜利可谓实至名归,至于他们一鼓作气拿下联赛冠军,我们也没什么好抱怨的。四大皆空的赛季无疑是让人失望透顶的,但我们也知道,如果我们足够强大的话,卷土重来也未尝不可能——后来的事实也证明,1998/1999 赛季的曼联几乎是前无古人,后无来者!

▲ 当时我正跟索尔斯科亚跑去跟坎通纳庆祝，后者在对阵布莱克本的比赛中打进了绝杀球，帮助球队3∶2险胜对手，向联赛冠军冲刺。可彼时我们根本不知道，我们庆祝的竟是坎通纳在曼联的最后一粒进球。

　　当年距我的曼联首秀刚好两年半，我还是不敢相信，自己居然能同这位伟大的球员同袍作战。其实他也是个普通人，和我们一样朝着同一个目标不懈奋斗，跟大家伙儿一样精益求精。

　　我们每个人无不为他在球场上的感染力而振奋鼓舞，也无不为他在训练场上的兢兢业业所折服。可能很少有人知道，他也是个非常不错的人。

　　在那些个年头，球队从商业活动里挣到的钱都归大家伙儿平分。有一次，我们每人都能拿到一张1500英镑的支票，可大家最后决定，要张罗一次抽奖，抽到谁的名字谁就能把奖金全都带回家。对老队员来说，1500英镑算不了什么，可对尼基·巴特和我来说可就不是笔小数目了。到了开奖的时候才知道只有我和巴特参与，我俩顿时觉得自己愚不可及。可最后赢奖的却是坎通纳！每个人都说他出老千，帕莱斯特、布鲁斯和罗伊叫得最凶——这点毫无疑问！可埃里克示意大家伙儿闭嘴，然后把钱给了巴特和我，说我们有勇气参加这次抽奖就值得拿到这笔钱。所以，我俩就这么稀里糊涂地拿了钱，高高兴兴地回家了，这都要感谢慷慨的坎通纳先生。

▼ 维尼·琼斯真如传言那样彪悍吗？绝对是！他的确有令人胆寒的性格。提到这名温布尔登俱乐部的球员，大家总会想起1988年足总杯他们对阵利物浦前的情形：当时在温布利大球场的球员通道，俱乐部球员之间互相咆哮，彼此激励，以期在对手面前建立起强大的心理优势。好吧，我们一跟他们踢比赛，他们也总要来这么一出。

可你绝对不能让他们给唬住了，不然丝毫胜算都没有。刚开始我还有些畏首畏尾，可我没让这种情绪影响我。我只是用审慎的态度，让自己专注于比赛。维尼自始至终没跟我说过话，我跟他的身体对抗也能应付得来——也许是因为他正处在职业生涯末期，所以我俩每次交锋的时候，他都显得有些松懈。有趣的是，虽然人们总是诟病他下脚粗鲁、踢人不踢球，但在我眼中，他同样能踢出赏心悦目的足球。

在这场1997年1月的足总杯比赛中，我们坐镇老特拉福德与温布尔登打成了1：1平。值得一提的是，图中的我似乎把维尼拽倒了，像个摔跤手放倒一个巨汉一样。可事实上，是他自己撞过来的，都是他自找的！

◀ 是谁把馅饼都吃了？回到 1997 年拍摄这些照片的时候，答案很明显，是保罗·斯科尔斯。哎呀！现在看来，当年 20 来岁那个胖胖的我似乎是久违了的。瞧瞧看这个双下巴——多么珍贵的记忆啊！

我这人特别容易发胖，那时我总是吃馅饼和薯片，不过我倒不认为这是我长胖的原因。我一直就是吃这些东西长大的——平常人家的寻常食物。通常，我们家周四和周五晚上会去快餐店吃薯片，我都吃习惯了。有一次在青年队去瑞士比赛，布莱恩·基德和诺比·斯泰尔斯居然吃起了番茄酱意面！我当时甚至都不知道那是个什么玩意儿！老实说，我从来都没听说过这道菜，起先根本就没在意。我满脑子都在想：说好的香肠和薯片在哪儿呢？

不能否认，在职业生涯初期，我的身体素质并不是特别好。不信可以问问我们的教练埃里克·哈里森。他会告诉你，每次我们跑圈的时候，我总是苦逼地落在后头。当大

家发现我有轻微哮喘时,我才意识到该做些改变了,有种说法是我的体重会加重病情,因此我必须控制一下了。

到了1998年世界杯我才成功地减去赘肉。多亏了当时的主教练格伦·霍德尔,是他让我了解了现代饮食方式。我当时减了好几磅,心想自己以后也要坚持下去。事实上,我差不多算是做到了。这些年来,我把自己的身体照顾得很好,看来我能维持这么久的职业生涯,秘诀也正在于此。现在回过头来想想,要是当初在俱乐部就停吃薯片,会不会表现得更好呢?

我之所以喜欢这些照片,就是因为它们总是能够诉说足球比赛瞬息万变的情感变化,胜败总在一念之间,有时你的情感就这么不由自主地流露了出来。很明显,左图中的我刚刚打进一球,上图要么是与进球失之交臂,要么就是错过了一次绝佳的机会。

▲ 他射门啦！得分啦！可当你查阅比赛记录，会发现这粒进球并没有归入我的名下。虽然我们早已加冕1996/1997赛季的联赛冠军，但我们还是想在老特拉福德击败西汉姆联，以一场胜利结束整个赛季的征程。比赛刚刚进行到12分钟，我在禁区边缘干净利落地起脚射门，皮球绕过对方门将米克罗斯科，打在横梁上，然后晃晃悠悠地越过了门线。至少我当时的直觉是球已经过了线，慢动作回放也证实了这一点。不过由于皮球又弹了回来，主裁判并未鸣哨，反倒是索尔斯科亚机警地一顶，让这粒进球板上钉钉，展现出他作为一名顶级射手的门前嗅觉。

索尔斯科亚绝对是一个正人君子，我确信他是不会故意偷走我的进球的。事后证明，他当机立断是正确的。因为主裁判并未对我的进球有任何表示，所以要是没有索尔斯科亚那一下，那粒进球就算是白费了。

尽管爵爷认为这球应该记入我的名下，可我跟索尔斯科亚赛后甚至都没有讨论过这个进球。老实说，只要能赢球，是谁进的球都没关系。我们也确实以2∶0的比分拿下了那场比赛，多亏了小克鲁伊夫后来的关键进球。我当时只顾着沉浸在曼联五个赛季四夺联赛冠军的喜悦中了。

▼ 到了夏天联赛结束该说声再见的时候,没有什么能比在球迷面前展示联赛冠军奖杯更好的告别方式了。这张照片摄于 1997 年春,也是我第二次捧起冠军奖杯,完成这一壮举的我才刚刚度过了两个完整的赛季而已。我希望以后举起奖杯能够成为我的习惯。我知道自己是幸运的,能够为家乡球队赢得如此重要的荣誉——要知道,我家离球场仅仅 30 分钟的车程。有那么几年我们一事无成,但曼联的精神就在于坚持不懈、不断上演王者归来的戏码——我们做到了。

▲ ▶ 1997年10月欧冠小组赛主场对战尤文图斯的比赛中,我收获了这粒进球,那对我来说是一次特殊的经历。尤文图斯是当时欧洲最强大的球队。当皮球从尤文图斯后防线溜到我跟前时,我还以为自己越位了呢。可幸运的是,边裁并未举旗。我就这么迎来了一次单刀的机会,跟我面对面的是意大利当年的顶级门神佩鲁济。从那一刻起,我不过是跟着直觉走罢了。自然,在这种情况下没有时间考虑究竟是该带球绕过门将,还是应当挑球过顶。这一次,我假射真扣,过掉了佩鲁济,把球推入空门,拍马回防的后卫只得望球兴叹。

　　尤文图斯在20世纪90年代末期的阵容堪称豪华,队内拥有齐内丁·齐达内、亚历山德罗·德尔·皮耶罗和迪迪埃·德尚这样耀眼的巨星。我们商定,最好的应对方法是要先进球。可德尔·皮耶罗在比赛刚刚开始就打进的那一球,对我们的打击可谓不小。好在特迪·谢林汉姆扳平了比分,然后我又在下半场半程打入反超一球。比赛最后阶段,吉格斯和齐达内的进球最终将比分定格在3∶2。对我们来说,简直是一场梦幻般的凯旋。

　　很遗憾,我们折戟1/4决赛,输给了摩纳哥。客场我们0∶0闷平,回到老特拉福德仅仅打出了1∶1的比分,以客场进球劣势被淘汰出局。

◀ 又是一场大打分的比赛。年少轻狂时,每当我进球时,总要做这么个鬼脸。好像我是想要数清自己到底有多少层下巴似的!此外,可能我是想着要躲过加里·内维尔,他总喜欢在跟你庆祝进球时……你懂的。这也就是为什么我会探出舌头——都是为了防范他呀!未来没准还得变本加厉,防火防盗防队友。

1997年10月主场对阵巴恩斯利。没有什么能比以7:0的比分大胜对手更爽的了,尤其是我还贡献了一粒进球。那球进得轻巧写意,刚刚与安迪·科尔和索尔斯科亚完成传接配合的我,面对出击封堵角度的门将,果断选择了挑射。

即便如此,我还是想不通,当时我怎么就敢朝球迷扮这副鬼脸呢?也许是一时心血来潮,我就这么干了。事后我还在问自己:"当初你到底是怎么想的呢?"不过有一点很重要,那就是球迷分享了我们的喜悦。我们做的一切不只是为了自己,也是为了球迷。他们是球队获胜不可或缺的一部分,尤其是西看台的铁杆球迷。要是形势对我们不利,他们响彻天际的鼓舞声会带给我们极大的动力。

爵爷总是告诉我们,进球后一定要尽情欢庆,要把这弥足珍贵的时刻拿出来与球迷共享。他们可是花了不菲的价钱来现场看球的。每个球员的职业生涯不可能一帆风顺,所以当你经历荣光时刻时,别忘了把你的激情传递给你的支持者。不过话说回来,如果你能为曼联打进一球,怎么可能不欢呼雀跃呢?

5

1998/1999

三冠伟业，居功至伟

1998/1999 赛季的曼联可谓顺风顺水，当季我们夺得了联赛冠军、足总杯冠军以及欧冠冠军，实现了"三冠王"的伟业。在诺坎普，虽然我跟罗伊·基恩因为停赛没有在对阵拜仁慕尼黑的那场世纪级决赛中披挂上阵，但是我觉得，要是在赛季初就能得知我们能够赢下这场比赛的话，停不停赛都没关系。

爵爷引进斯塔姆担当后防核心，前锋位置上又购入了德怀特·约克这名极富想象力的攻击手。圣诞节至 1999 年春，球队未尝败绩，各路媒体都在炒作三冠伟业近在眼前。好在我们没有因此分心，这点至关重要。之后球队有些磕磕绊绊，不过联赛最后一轮，当我们在老特拉福德逆转击败热刺之后，终于收获了联赛冠军。之后，我们在足总杯决赛中击败纽卡斯尔，我很幸运地打进了一球。到了欧冠决赛，我并未披挂上阵，而是自觉地穿着西装作壁上观。相信我，我可不想用这种方式来为那个难忘的赛季画上句点，当索尔斯科亚打进制胜一球的时候，我像所有其他曼联球员一样疯狂咆哮。

▲ 1998年9月，为了这激情四溢的一刻，我必须感谢德怀特·约克，是他的策应，让我有幸能够在主场对阵巴塞罗那的欧冠比赛中打进一球。当时约克接到大卫·贝克汉姆的传中，来了一记精彩绝伦的倒钩，虽然皮球打在门将身上弹了出来，但拍马赶到的我将球稳稳当当地补进网窝。自然，我当时高兴坏了。这不仅是从球队的层面出发，对我自己而言，也是一次解脱。因为4年前，由于停赛，当时风头正劲的我错失了与巴塞罗那的比赛，因此在进球的这一刻，我觉得自己弥补了过去犯的错。

这粒进球将场上比分暂时定格为2∶0，曼联领先。但是那天晚上的进球盛宴还远未终止——对中立球迷来说这也许是个好事，可对我们就不是了。比赛最后以3∶3的比分结束，数月后移师诺坎普还是这个比分。两场比赛双方攻势此消彼长，虽然神经高度紧张，但绝对高潮迭起，叫人血脉贲张。我记得很清楚，客场对阵巴塞罗那时，约克和安迪·科尔两人之间不可思议地传球过人，然后由后者将球打进。绝对地振奋人心！

▶ 这球算是我用左脚进的最漂亮的球，然后就有了这一小段欢庆的舞步。对我来说，此球还有一个更加值得铭记的意义，因为当时正好面对西看台①，对阵的对手恰好是利物浦，帮助球队以2∶0的比分锁定胜局。

当时比赛行将结束，我们的防线有些吃紧，利物浦迫切地想要扳平比分。突然，安迪·科尔左路带球突破，然后传了脚低平球，德怀特·约克最先触到皮球，并分到我的进攻路线上，于是我顺势用左脚将皮球打入球门右角，整个过程可谓精彩绝伦！我得说，当时对方门将布拉德·弗里德尔压根儿一丝机会都没有，只能目送皮球打入远端死角。比赛结果就此锁定，队员们需要的就是这么一场胜利，因为四天前我们在海布里被人家灌了三个球，0∶3告负，球员需要以一场胜利提振士气。毫无疑问，我当时格外开心。

赛后，有一位资深电视解说员把这球称作肯尼·达格利什般的进球，看来他应该是个利物浦球迷，而他这么说也让我担待不起，要知道，达格利什在我成名之前就已誉满足坛了。

① 老特拉福德球场的西看台，一直是曼联死忠球迷的聚集地。——译者注。若无特别声明，此书脚注均为译者注。

▲ 1998年9月,球队在奥林匹克球场对阵拜仁慕尼黑,我当时志在得分的决心全写在了这张纠结的脸上。可惜的是,这脚球打飞了。不过当天晚上我的确打入了一球,我与奥利弗·卡恩拼速度,但我更胜一筹,将球推过门线,而他还施展了他标志性的"狮吼功"。如果能够在对阵欧陆豪门时打进一球,那感觉一定是格外深刻的,我也在朝着这个目标不懈努力着。

▶ 每次看到这样的照片都让我感觉心中一凛。当时我们在同巴塞罗那的第二回合较量中打成了3∶3,我当时正跟路易斯·菲戈争抢皮球,时间是1998年11月。当我还是一个为足球痴狂的孩子时,做梦也没想到自己有朝一日能够与菲戈这种超级巨星同场竞技,我就是觉得那样的幸运儿绝不会是自己。可当机会就这么降临在我面前时,我决心要牢牢地把握住它。我明白,尽管听起来近乎疯狂,但我要给这场比赛打上自己的烙印。当然,当你登上绿茵场的时候,超级巨星的光环就已抛诸脑后。你身边充斥着许许多多伟大的球员,你无时无刻不在奔波拼搏,哪有时间为自己的感受考虑?可有一点必须牢记,这些足坛巨擘在任何时刻都可能戏耍你,这也迫使你全情投入。

菲戈在球场里游弋,好像从来都是挂在一档一样,可似乎皮球在哪,他人就在哪。他可以在眨眼之间过掉对方球员,或射门,或传球,或来那么一脚美妙的直塞促成进球。忘了告诉你,约翰·奥谢还对菲戈来了一次穿裆过人,他那会儿总喜欢干这种事……

▲ 照片中的我正伸脚拦截维加德·海根的传中,当时我们在足总杯坐镇主场应战利物浦,在我印象里,那场比赛双方表现悬殊,利物浦的机会屈指可数。但问题在于,比赛进行了 88 分钟,虽然曼联占尽优势,但仍然因为欧文早前的头球破网而一球落后。我们有好几次击中门框,还有几脚射门滑门而出。可随着时间的推移,我们越来越成为赛后那支更愿意收看回放的球队了。这就是说,比赛最后的结果是我这辈子踢过的比赛中,最叫人皆大欢喜、振奋人心的了。

首先,大卫·贝克汉姆的任意球轻松地找到了安迪·科尔,后者一个摆渡,跟进的德怀特·约克顺势打入扳平一球!接着,比赛进行到读秒时刻,皮球在利物浦禁区里头往我的方向滚过来,正当我准备过掉对方防守球员时,皮球却丢了,我以为进攻机会就这么泡汤了。可半路杀出个索尔斯科亚,只见他机警地扬起一脚,皮球穿过杰米·卡拉格的两腿之间,径直入网。

◀ 能够在任何时候击败利物浦,那感觉绝对是无与伦比;如果是以这种方式打败他们,任何语言都会显得苍白无力!摧毁他们?是啊,就我们两队的关系而言,摧毁得越彻底越好!鉴于两队的恩怨情仇,我们才不在乎他们的感受呢。看看右图中我们庆祝时的画面吧!罗伊·基恩一如既往地飞到了人群上头,我们当时都陷入到了狂喜当中。

赛后两队球员几乎没有任何互动,就连一同参加国际比赛时也是如此。就算是在英格兰国家队,我们对待利物浦球员的态度从来都不友善。罗比·福勒还算好,可对"利物浦帮"就完全两码事了。我觉得,他们同样也不喜欢我们。也许其中有他们的嫉妒心在作祟,因为我们总是在赢球,总是在夺得冠军。

▼ 1998年秋，联赛形势渐趋明朗，我们在老特拉福德迎战利兹联，它可以称得上是我们为数不多的几个克星之一。图中，我正向尼基·巴特表示祝贺，他刚刚打入了制胜进球，世界上任何一位球员打进绝杀球也不免会像他当时那样自豪。尼基当时接过菲尔·内维尔在禁区弧附近的传球，然后完美地停下皮球，朴实无华地将球打入英格兰国门奈儿·马丁把守的大门里，真是了不起！

尼基可谓是一名优秀的多面手，相信我，你绝不想与他针锋相对的。他的制空能力非常棒，他可以在空中拦截、传球、防守、进攻，只有你想不到，没有他做不到。而且他是个硬汉，雷厉风行，勇于担当。

他进入一队的时候，射门得分并不是他的本职，不过在此之前，他在各种级别的梯队中都十分高产。事实上，我们两人经常打赌，谁能够在一个赛季里打入更多的进球——要知道，我那时的位置是中前场，而他却是中场！

曼联一向不乏天赋异禀的球员，等众人的溢美之词散尽，他总会像遗珠一样被人忽略，但是在比赛中，他的作用不容小觑。我们都清楚尼基是个多么好的人——贝利也明白这一点，所以他才会提名尼基·巴特为2002年世界杯的最佳球员。

◀ 我讨厌错过任何一次赛前训练,所以图中的我显得可怜兮兮的,郁郁寡欢,膝盖上还缠着冰袋。有些球员恐怕巴不得能够像这样歇歇脚。事实上,我就能想起好几个这样的人,比如加里·帕莱斯特、布莱恩·麦克莱尔、安迪·科尔和迈克尔·欧文,要是他们知道自己不用参加训练的话,肯定会长舒一口气。当然啦,到登场比赛时,他们又个个生龙活虎。我呢?我需要保证状态,随时为比赛对抗做准备。所以大多数日子里,我渴望着训练,这也是我如此钟爱这项工作的原因之一。

在对待训练时施压的问题上,每个教练的理念都大相径庭。在凯文·基冈执教英格兰时,他总是挑选训练场上表现最好的球员参加比赛。我们的爵爷就不是这样的人。可当然啦,他也希望你训练时卖力,不过,就算你周四在卡灵顿训练场上表现优异,也不能保证你的名字一定会出现在周六老特拉福德的比赛大名单上头。

每周我们都会为训练场上表现最差的球员"授予"黄衫,凭借"稳定的发挥",帕莱斯特总是将这一殊荣据为己有。不过,我自己也拿过一两次黄衫。从前,布莱恩·基德和史蒂芬·麦克拉伦喜欢在比赛日前一天的动员大会上开玩笑,黄衫的传统就是从这里发源的。这些日子以来,动员大会越来越严肃,所以黄衫的作用也日渐式微。

> 我真搞不懂,怎么在斯科尔斯的印象里,我就成了训练场上最不上进的家伙了呢……
>
> ——**加里·帕莱斯特**

◀ 别担心,贝克汉姆递过来的是条"肚兜",才不是什么训练场表现最差球员要穿的黄衫呢!小贝训练时很投入,特别是练习任意球的时候。他能够随心所欲地把皮球传递到任何位置,这可不是什么运气!每天大家来训练场训练的前半个钟头,他就已经在那儿瞄着球门上角练习任意球了。不管别人怎么说，小贝热爱足球，每场比赛都拼尽全力。在效力曼联的那段岁月里，没有他逾越不了的障碍，也没有他拿不下的成就。

我们的生活方式截然不同，回到家我们都有各自迥异的人生。可那又怎么样？唯一重要的应该是我们在球场上的表现才对。如果有人要对小贝指指点点，那就请关注他的球技。也许有些人都忘了他在曼联的优异表现，可我们没忘——而且我们才是最有发言权的人。他总是出现在我们的传球线路当中，他的传中球和效率令人难以望其项背，而且如同另一侧的吉格斯一样，他整场比赛也会不辞辛劳地满场飞奔。

吉格斯和贝克汉姆两人相得益彰，简直是两类球员的鲜明代表。贝克汉姆精于传球和传中，虽然他也很能跑，却不像吉格斯那样善于带球过人。

场下的贝克汉姆也是真的很友善，深受俱乐部里所有人的爱戴。某些方面他是有些与众不同，但那都是他自己的私事儿。到了球场上和更衣室里，他的表现不可不谓之职业。从做人的角度来说，他脾气一向很好，还很关心人。任何时候只要我俩一见面，他总会问起我的孩子和其他的家人。真实——这就是我对大卫·贝克汉姆的评价。

> 通常，保罗在训练的时候不喜欢跑到禁区里头争顶……不过，他却总是日常训练状态最好的球员之一。我们送了他"沉默刺客"的外号，因为他是个安静的小伙儿，不过，老天，要是他做出拦截动作，那绝对是一鸣惊人的。对此，我现在都还深有体会……
>
> 保罗非常职业，表现非常专注。我们大家都具备这种职业道德，这也正是曼联的特殊之处。能跟他一起同袍征战真是莫大的荣幸。
>
> ——大卫·贝克汉姆

◀ 虽然我因为停赛错过了1999年对阵拜仁慕尼黑的欧冠决赛,但在小组赛里我的确领教过那支德国球队的厉害,他们的球员的确令人心生敬畏:个个劲头十足,效率奇高,几乎跟机器差不多,不过这并不是说他们的阵中没有天才球员。

很多人评论说我的弹跳能力很好地弥补了身高上的不足,如同我们在主场与对手1:1握手言和时,我跟托马斯·施特伦茨争顶时表现出来的这样。我并没有特意练习弹跳,这完全是天生的。也许正因为如此,才能收获奇效,要知道,有些对手看到我的时候,甚至觉得他们能够在空中轻而易举地压制我呢!

就算是小个子,我也从未惧怕过争顶头球。我不过是把它看作比赛的一部分,然后自然而然去争顶罢了。我觉得,自己生来就有能力控制起跳的时机,这也帮助我在这些年进了不少个头球。同样,我是何其幸运,能够与大卫·贝克汉姆和瑞恩·吉格斯这样出色的传球手一同出战,是他们的传中让我省事不少。丹尼斯·埃尔文和加里·内维尔也同样能够传出这种高质量的球。

似乎我天生就能随心所欲地停球,通常情况下我会用到前额。我曾经用自己的膝盖、胫骨、肚皮、腹股沟以及身体其他部位打入过许许多多匪夷所思的进球,可我不记得有任何一记头球是靠"运气"打进的。

▼ 在我的职业生涯中,有几粒进球纯属误打误撞,照片上的这粒就是其中之一。这一幕发生在 1999 年 3 月的圣西罗球场,当时我们在对阵国米的欧冠半决赛第二回合中以一球暂时落后,不过仍以 2∶1 的总比分领先对手。我们当时顶着沉重的压力,迫切地需要一个进球来缓解紧张的情绪。比赛还剩 3 分钟的时候,加里·内维尔往禁区传了脚高球,皮球似乎过了很久才开始下坠,接着安迪·科尔一敲,把球摆渡到我的进攻线路中来。没人盯防我,我离门只有 8 码,跟门将一对一,看似皮球要以一个直线飞向门将,可巧了,它没有。我也不知道我当时是怎么想的。我只是想命中目标,但我那球踢跐了,脚后跟还扭了一下。等球朝大门滚去的时候,我才意识到自己歪打正着,迷惑到了对方门将吉安卢卡·帕柳卡,让皮球滚进球门下角。就这样,比赛结束了,我们杀入了四强。不过我还在回想,当初射门的动作没能一气呵成看来也不是什么坏事,因为要不是那样的话,帕柳卡没准儿能够解读出我的意图,然后扑住皮球。

圣西罗球场的气氛令人生畏,整座球场人山人海,将近 8 万名狂热球迷在此山呼海啸。不过你必须把所有这些抛诸脑后,集中精力比赛。毕竟,那不过是一块正规草地,你面对的不过是 11 名对手罢了。重要的是一直控制皮球,尽可能少地让主场球迷欢呼呐喊。当然,这说起来容易做起来难。

5　三冠伟业,居功至伟　　49

▲ 1999年4月,欧冠半决赛第一回合的下半场,我们坐镇老特拉福德迎战尤文图斯的比赛战况胶着,事情并没有像赛前计划的那样展开。首回合我们拿到了一粒关键的客场进球,因此这场比赛注定不简单,很大程度上都是拜图右埃德加·戴维斯所赐。在我职业生涯的对战记录里,这名荷兰中场的确是一位强大的对手。他堪称职业球员的模范,技艺精湛,侵略性十足,力量和步伐都恰到好处,当天晚上他的表现堪称完美。图中,他正竭尽全力地想让我远离皮球,而他的队友詹卢卡·佩索托则从一旁把皮球抢走了。

当天晚上的大部分时间里,球队疲于招架,而我自己表现也不好,浪费了几次好机会。不过幸运的是,僵持的气氛在比赛最后几分钟被打破了,吉格斯横空出世,在近角打入了扳平一球。那球看起来容易,可实则不然。稍有不慎,皮球就有可能打在补防的后卫身上,也有可能高出横梁,好在吉格斯头脑冷静,恰到好处地完成了这脚射门。

▶ 我倒不认为会有人指责我是个爱表演的球员,但在这张图里,我却扬起双臂,因为我知道,这张黄牌葬送了我在欧冠决赛出场的希望。当时是欧冠半决赛第二回合,我们在都灵客场面对尤文图斯。早在我替补杰斯普·布鲁姆奎斯特出场前,我曾告诫自己要慎之又慎,脑袋里甚至闪过再次吃牌的情景,居然也想到了可能的后果,但当我上场后,比赛仅剩二十来分钟,我唯一的念头就是赢下比赛。

对于吃牌,最让我失望的是,我对德尚的那记抢断绝非恶意,可当我做出动作时,他大叫了一声,有些外国球员就喜欢这么干,我敢肯定,就是他这一叫让我吃了牌。我得承认,这的确是一个晴天霹雳,可我的眼睛里绝对不会溢出加斯科因式的泪珠。你难免感到失望沮丧,但这就是足球,你必须保持乐观进取。遭此命运的还有罗伊·基恩,赛前我俩甚至都料到有可能会错过决赛。不过我们并不担心,因为曼联阵中还有大批优秀球员,他们有实力冲入决赛,为我俩争光。难道不是吗?

罗伊·基恩在意大利的表现简直叫人热血沸腾,是他帮助我们逆转了比赛。要知道,开场阶段我们就以两球落后,罗伊·基恩站了出来,他以一记漂亮的头球破门吹响了反击的号角,让球队最终以3∶2的比分涉险过关。对我来说,这次比赛充分展现了他的伟大之处。他的出现就像爵爷亲自披挂上阵一样,必要时会在场上给你一顿臭骂,不过更多的时候是鼓励我们做得更好。罗伊·基恩带领我们获得了诸多胜利,起码得有上百次,可这一次值得我们铭记一生。

◀ 现在看来,我还真是大吃一惊,不过1999年春做客维拉公园球场时,场地要比照片上显得更黑些。当时这场足总杯半决赛可谓史诗级,我们球队以2:1的比分赢下了阿森纳,而我们的白色客场球衣如同火把一样,穿过层层黑暗,闪耀全场。总之在我的印象里就是这样一个画面——一个被吉格斯点亮的夜晚。

每当我听见有人谈起这场比赛时,脑海中浮现出来的总是吉格斯在打入令人不可思议的制胜一球后,扯下球衣,在头上不断挥舞的庆祝模样。我当时离他最近,只见他一路风驰电掣,过掉了老对手迪克逊、基翁和亚当,甚至还晃过了希曼,这一路千里走单骑面对的都是我们这个行当里最优秀的后卫和门将。

当球队只剩10人迎战时——罗伊·基恩被罚下场了——就需要有人带球突破,而吉格斯就是当时球队里唯一有这个能力的人。有人赛后说我应该指责吉格斯没把球分给我,因为我当时的位置更好,可见识到那粒不可思议的进球以后,我很庆幸,吉格斯没有把球给我。

就在他开始脱衣服的时候,我恨不得也想效仿一把——都是条件反射在作祟。是什么念头阻止了我呢?没准是因为我身材太上镜,怕抢了他的风头吧!

当然,这场比赛因"吉格斯时刻"而永载史册,诸如在上图中争抢皮球的我和埃曼努埃尔·佩蒂特等其他人都"沦为背景"。不过我还是得说,留着金发辫子的法国人真是名了不起的球员,他动作优雅,左脚能力出众,性格还十分文静。但他也很强硬。比赛最后时刻,阿森纳意欲背水一战,因此他们用史蒂夫·博尔德换下了佩蒂特,但是在吉格斯魔幻般的进球之后,阿森纳已是回天乏术了。

▼ 1999年,我们在联赛最后一场坐镇老特拉福德击败热刺,拿到了当年三冠中的第一冠,照片里是众人手握奖杯庆祝的情景。大卫·梅(图右)只要一有庆典活动,总会出现在醒目的第一排,他就是喜欢这种感觉。他后来在诺坎普第一个登极举起了欧冠冠军杯,名留队史。这会儿他不过是在热身罢了。

到了庆典上,皮特·舒梅切尔可不会甘居幕后了。我们都很享受庆祝的时刻——不过你也许会说,跟其他人比起来我似乎要更拘谨一些!我更愿意尽可能地避免成为大家注意的焦点,但我必须承认,能在这么伟大的日子里跟大伙儿一同激情庆祝,感觉非常棒!

当我一次又一次地在射门训练中把皮球搓过舒梅切尔头顶时,他可就没有这么高兴了。我当时还只是个初出茅庐的新人,而他早已成为世界级门将,所以我能理解,他准是把我当成淘气包了。是啊,他发起脾气的确像个火箭,然后追着我满训练场地跑。幸好当初他没能抓住我,要不然我的职业生涯肯定会悲催地缩短呢!

▶ 1999年足总杯决赛对阵纽卡斯尔的赛前,我在温布利大球场闲庭信步,当时我看起来既摩登又时尚——显然,这身衣服不是我买的!恐怕你确实看过我穿过几套蹩脚的西服,但我是真的真的很喜欢图中的这一套。它简直就是为我量身打造的——低调又得体,简约而不简单。海军蓝色的领带又这么漂亮,虽说那枝花当时显得有些烂大街。要是我把花摘下来就好了。

以往,我是讨厌穿套装的。我绝对是个喜欢牛仔裤搭T恤的人,但我很高兴能够在足总杯决赛破回例,因为对我来说,那绝对是一个大场合。我唯独不喜欢的是决赛前录制各队队歌时的情形。我们当时的队歌叫《展翅高飞》(Lift It High),录制期间,我们还得在更衣室里又唱又跳。整个过程令人尴尬不已。我真不喜欢这种感觉。

能够在温布利大球场的草地上漫步总是很特别的,尤其是在决赛开球之前,那是任何球员毕生的梦想。我是看着电视机里的足总杯决赛长大的,我喜欢看到穿着套装的球员站在那块草地上。这个过程格外重要,而且象征意义十足,等我亲身经历时,我感觉胃里一阵翻江倒海。还是名年轻队员的时候,我很喜欢一路都有电视直播相伴,享受着球队酒店外头的报道,醉心于天上有直升机跟着球队大巴进入温布利大球场——在我看来,这就是一种仪式。

我知道,现在的足总杯地位大不及前,可能够跻身决赛依然十分美妙。要记住,无论新球场设施多么新潮,那种气氛永远也赶不上从前的老球场。不管没落与否,它都有一种特殊的魔力。历史似乎都从球场的围墙里渗了出来。我曾在这座球场打入过些许进球,这些都会让我永远铭记在心。

▶ 我成功地在球队2:0击败纽卡斯尔的足总杯决赛中打入了第二粒进球。开场不久,罗伊·基恩就因伤不得不提前下场,这让我们获胜的道路显得分外漫长。不过在特迪·谢林汉姆替换基恩登场仅仅过去5分钟时,我就一脚直传找到了他,帮助他先拔头筹。接着,在下半场,他则投桃报李。

谢林汉姆本可以自己打门,但是我当时无人看防,所以在禁区边缘冲他大喊要球。他就有那么聪明,对我的所在方位了然于胸,知道我想要如何处理皮球,甚至知道我会用什么部位击球。我第一时间就飞起了左脚,动作虽谈不上完美,但是恰到好处地压住了皮球,击败了对方门将史蒂夫·哈珀。我并没有特意瞄准,只是把精力放在触球的一瞬间,以此奠定了球队胜利的坚实基础。

这当然是我职业生涯的得意之作了。第一次参加足总杯决赛时,我错失了奖杯;第二次打利物浦,我的登场时间却并不多,没做什么贡献。但这次我做到了。能够为球队赢球做出贡献,先是一记助攻,接着亲自打入一球,绝对让我此生难忘。

▲ 这张照片无须赘言，决赛的两个进球者——谢林汉姆和我一手拿着赛事奖牌，另一只手共同捧起奖杯，冲着镜头微笑。那天下午天气十分炎热，在温布利大球场比赛总是叫人大汗淋漓——似乎这也成了一项传统——我整个人筋疲力尽，话都说不出口。球队绕场一周致谢球迷时，我都是勉强跑完的，之后在酒店参加庆功会都是强打的精神——周三还有欧冠决赛，真是疯狂得不能再疯狂了！

谢林汉姆是个非常了不起的人。我猜他总会时不时地蹦出些伦敦腔，不过我跟他私交甚好。他的职业精神超乎想象，就算到了快四十的年纪仍孜孜业业。他的身体素质十分优异，看起来他对身上的六块腹肌也是钟爱有加——只要有镜头对准他，他总会屏住呼吸炫耀一番！

就他的足球技艺来说，能跟他一起踢球简直是一种享受。似乎我总能跟身前的前锋球员磨出火花，不论这人是谢林汉姆、约克还是坎通纳。打从一开始，我就觉得自己跟谢林汉姆之间有一种奇妙的化学反应，因为我们两人在直觉里都知道该给对方传一个什么样的球。我觉得大多数人都不知道他在进攻线上有多么卖力，他总是积极地跟队友寻求配合，这让我们的比赛更显轻松。在球迷眼中，他似乎花了很长的时间才开始适应，甚至个别人还很不喜欢他，但对我们来说，球队里能有他，一向都是件很棒的事情。

我喜欢跟斯科尔斯一同踢球。我俩就像球场上的节拍器，都能进球，彼此都在一个频率上，甚至心照不宣地知道对方想要以何种方式处理球。能邂逅一个对你踢球球风了如指掌的人实属不易。与此同时，他又是个可爱的家伙，从不骄傲自满。就是做好本职工作，然后回家休息。从不好高骛远——我只见他喝过两次酒，还都是在圣诞节上！还有一件事，人人都说他的抢断很糟糕。但请相信我，他的抢断也可以非常精彩。

——特迪·谢林汉姆

▲ 四个喜气洋洋的年轻人，还有一个家伙在等着摄像师赶紧完事，好把脚搭上来好好歇歇。（当然啦，说的就是我了。）事实上，能拿下奖杯，我的心情跟罗尼·约翰森、加里·内维尔、瑞恩·吉格斯和安迪·科尔一样高兴，可我那天下午实在是太累啦！

罗尼有点儿像我们这支球队中的"无名英雄"。他伤病很多，几乎每场比赛赛后都难以幸免，有时甚至半场就挂了彩，他身上很多地方都挂过冰袋，所以大家都管他叫"冰袋"。不过他是一名出色的球员，主要打中后卫的位置，偶尔也在中场盯人。罗尼速度快，力道足，能够满场追着对手跑。对于有如猛兽般的铁卫斯塔姆来说，罗尼简直是他理想的后防搭档。换作中场球员来说，知道自己身后还站着这么两位，那感觉是非比寻常的。要是皮球越过我们的脑袋，我们也用不着多担心。他俩只有一点不同，斯塔姆加盟球队时已经名声在外，相比而言，罗尼就显得有些名不见经传了。好在，后来人们也发现了他的闪光点。

加里·内维尔和吉格斯在这本书里已经多次出场了，是时候讲讲安迪·科尔了，他是又一个了不起的伙计。从来不要担心什么衔接拿球，他天生就是进球机器，战功赫赫。当我在中场拿球时，第一想法就是去寻找科尔、约克、索尔斯科亚和谢林汉姆的踪迹。终其职业生涯来看，安迪·科尔获得的赞誉也许并不比某些前锋那么多，但他的进球记录令人生畏。他也不太喜欢训练，每次我们跑圈的时候，他总落在后头优哉游哉地慢跑，还不忘冲你笑呢！可到了拿出真本事的时候，安迪·科尔简直快如闪电。他是我见过的最优秀的锋线杀手之一。

▲ 吉格斯的确为赢得欧冠冠军立下了汗马功劳,帮助球队在巴塞罗那完成了"三冠伟业",可他在全队绕场一周表示谢意时,却故意让我和基恩尴尬,这招真够损的——他大可以说自己又圆满地完成了一项任务。

老实讲,我根本不想走进球场,要是能待在更衣室里,我就心满意足了。你也知道,我并未上场打比赛,没有在决赛中帮助球队赢得奖杯。大家只是想通过这种方法让我记得我也为球队杀入决赛立下了功劳,这倒没错,但对我来说,所有那些比赛都已经成为过去时了。当时只有诺坎普能够提起我的兴趣。那感觉多么叫人难以置信?我内心十分想踢这场比赛,让我西装革履地出现在大家伙儿的中间可真怪,因为他们全都穿着球衣,昂首阔步呢!

我倒不是不领情,必须说,吉格斯和其他人真的非常厚道。我敢保证,我和基恩的缺赛也的确让他深感遗憾。最终,他如愿以偿,我和基恩举起了偌大的奖杯,当然啦,镜头里他笑得有些诡谲,这点不言自明。还好我不是一个人,罗伊·基恩对这份尴尬一定深有体会。

▲ 当然,能够亲眼见证曼联拿下欧冠,我的内心激动万分,难以平复。要是你看到了终场哨吹响的那一幕,一定能够发现我跟罗伊·基恩在场边像两枚火箭似的蹿了起来,咆哮着加入了欢呼的人群当中。整场决赛的过程叫人难以置信,因为我们从未踢得那么好过,而且我绝对没有预见到逆转的出现。可奇迹就这么发生了,其他一切也都不重要了。

  好吧,把斯科尔斯和基恩扯到球场上也许是有些不地道,因为我们也知道他们可能会有些腼腆,可这么做的主要原因在于,他们两个配得上这份荣耀。毕竟他们为球队杀入决赛立下过汗马功劳,所以我们想和他们一起欢庆。这座奖杯不仅属于当晚上场的队员,同样也属于他俩。

——瑞恩·吉格斯

▲ 不论风和日丽,还是刮风下雨,我们都不能高挂免战牌。不过我倒挺喜欢雨战。因为球场更加湿滑,球也滚动得更快,气氛也会变得更加热血沸腾!我们满场飞奔,所以根本不会感觉到冷,对啊,你们永远也不会瞧见我戴发带的——我把那些玩意儿都留给外国球员了。对于雨战,还得格外当心,因为会有大量的飞铲出没——是的,我本人就十分喜欢来上一记漂亮的飞铲……

我十分喜欢这套球衣。这也是我们 1999 年赢得三冠王的战袍,在我心里,永远有个地方珍藏这份记忆。虽然我那会儿会选择穿长袖球衣,但近些年更喜欢穿短袖球衣,因为我觉得袖子短些能让动作更加自由。当然,曼联队的传奇人物丹尼斯·劳就喜欢穿长袖,因为有传言说他会用袖子擦鼻子,在我看来也挺有道理的。

6

1999/2000、2000/2001、2001/2002

三年冠军，失望在后

经历了令人难以忘怀的 1998/1999 赛季，夺得三冠的我们养成了赢球的习惯，成为历史上第四支连续三年问鼎联赛冠军的球队。在那段岁月里，能跟罗伊·基恩、瑞恩·吉格斯、大卫·贝克汉姆和尼基·巴特这样性格迥异却又熠熠生辉的天才中场搭档，我高兴万分，深觉这是一种无上的荣耀。2001 年 5 月，当我第五次举起联赛冠军奖杯的时候，我还只有二十来岁，简直都不敢相信，在一队刚刚站稳脚跟的我居然能收获如此多的荣誉。

2001/2002 赛季，爵爷将世界级天才范尼斯特鲁伊和胡安·塞巴斯蒂安·贝隆招致麾下，帮助我们在 2 月底跻身联赛头名，史无前例的英超四连冠仿若近在咫尺，可惜我们后程乏力，赛季结束仅仅收获了季军。这种感觉真的很糟，但随着爵爷收回退休的打算后，我们又开始自信地思考球队的未来了。

▲ 我觉得即使约克跑累了，他也绝不会垂头丧气。他是那种不论你何时见他，他都能让你开心振奋的人。在他效力曼联的这段时间里，不难看出他是个热爱生活的人，每次看到你，他的脸上都会挂上一副大大的笑容。不管局势如何斗转星移，他总能闲庭信步，一个人自得其乐。如果有进球庆祝的时候——比如图中这一刻，1999 年 9 月我在对阵马赛的欧冠联赛中打入制胜一球——他总是有自己的一套风格。

　　我们当然有十足的理由欢欣鼓舞了，因为这粒进球帮助球队拯救了比赛。此前，因为前埃弗顿球员易卜拉欣玛·巴卡约科的进球，我们一球落后。比赛还有 10 分钟结束的时候，安迪·科尔才打进扳平一球。随后，约克将皮球摆渡给我，我晃过了几名防守球员，从离门大约 12 英寸的地方将球打进。约克是个顶级的多面手，我觉得自己跟他之间也能做到和谢林汉姆的那种心有灵犀。当他回撤跟中场串联的时候，表现是无可挑剔的，而他作为箭头人物在锋线的表现也同样可圈可点。不论怎么看，约克绝对是曼联阵中一位十分出色的球员。

▼ 1999年11月,我们远赴东京,在洲际杯比赛中对阵来自巴西的帕尔梅拉斯。图中,我正从对方中场津科的抢断下带球突破。这个锦标赛有些奇特。牌面上,它贵为世界冠军头衔,你必须赢下欧冠联赛才有资格参与,可实际上,它的影响力名不副实。与此类似的还有欧洲超级杯,当时我们跟摩纳哥争夺此项殊荣,但我不觉得英格兰的父老乡亲会把它当一回事儿。可接着,你会见识到在拿下这些锦标后,来自欧洲或南美洲的球队都会忘情地庆祝,真叫人匪夷所思。也许我这话说得不对,没准某天这样的赛事的影响力会越来越大,能够把我们的名字书写在1999年的冠军名册上固然好……但说到底,我可没抱太大希望。

当然,在赛季中途千里跋涉到日本参与比赛,还要倒时差,真是叫人疲惫不堪,这种辛苦远超球员和球迷的想象。可爵爷依旧想赢得赛事冠军,我们也想,这还多亏了罗伊·基恩最后突然从后点杀出来,打入了当场比赛的唯一进球。

▼ 1999年12月对阵瓦伦西亚的欧冠比赛中,我们在主场以3∶0的比分击败对手,同时也证明,要想头球得分,并不需要巨人般的身高。当时大卫·贝克汉姆在右路靠近底线的位置罚任意球,我机敏地钻到对方大个子中后卫乔奇姆·布约克伦德前头,在12码处成功地将球甩入死角。通常说来,要是你能够甩开对手,队友的传中又恰到好处的话,对手再想阻拦你就很难了。

当然,贝克汉姆和我对彼此的球风谙熟于心,我了解他的传球线路,所以我很清楚地知道皮球的落点,因此能够提前完美地进行跑位。我们并没有花很多时间练习传球线路——曼联从来没有费心编排定位球战术——我们都是运用直觉来阅读比赛。虽谈不上屡试不爽,但在大家伙儿合拍的时候,效果还是很叫人满意的。

▲ 2000年2月坐镇主场对阵考文垂的比赛里,看起来我似乎来了一脚势大力沉的远射,虽然皮球最终命中了25码开外的网窝,但我必须承认,这里头带了些运气成分。队友先是将球吊给了禁区边缘的谢林汉姆,后者头球回做给我,我跟进抢起一脚,可显然并未完全发上力。要是我发上了力,没准马格努斯·海格曼反倒有机会扑出皮球了,可我这脚贴地斩打了他个措手不及,球阴差阳错地滚进了球门。这就是当时的情况。这种歪打正着的进球很常见。毕竟,要是你自己都不知道皮球会踢到哪儿去,可怜的门将又怎么会知道呢?

▲ 这脚射门发生在 2000 年 3 月，我在布拉德福德球场接大卫·贝克汉姆的角球，未做调整直接起脚攻门。人们不会让我忘记这粒进球，老实说，我的确忘不掉，因为整个过程一气呵成，相当精彩。

在贝克汉姆准备发角球的时候，我往禁区外走去，假装撤回中线，但我给他使了个眼色，告诉他我准备好了，心里知道他能够准确地找到我。我们赛前并未有任何针对性的计划，但我在最后时刻转身回来射进此球。当时根本没人盯防我，贝克汉姆的皮球也稳稳当当地送到了我的射程范围里面。

我并没有瞄准球门的某一特定位置，只是朝着大门方向起脚，很舒服地吃准了皮球。禁区里密密麻麻地挤满了人，门将的视野受到了阻挡，很幸运，皮球找到了空隙。

有人后来说这球可以评为当赛季最佳进球,可第二天保罗·迪卡尼奥打入了一记令人难以想象的剪刀脚进球,刹那间盖过了我这球的光芒。我顿时心生一种遭人抢劫的感觉!

▶ 我讨厌这身球衣,看到这张照片还真有点儿叫我扫兴。球衣的材料很怪异,袖子鼓鼓囊囊的。海军蓝为主色的球衣上居然还横着浅蓝色的条纹,跟曼联的主色半毛钱关系都没有。纯粹是博人眼球的时髦设计,我嗤之以鼻。要是球队必须穿蓝色球衣出战,我心情就十分糟糕,因为那不是曼联的颜色。我知道,在我之前,曼联曾经穿着蓝色球衣赢得了多项殊荣——例如 1948 年勇夺足总杯和 1968 年拿下欧洲杯——但我就是觉得别扭。

▲ 当时我铆足了劲儿打入这记点球,帮助球队在 2000 年 1 月主场 7∶1 血洗来访的西汉姆联队,同时完成了个人首个帽子戏法。我并不是当时队内的首选点球手,但我此前已经打入两球,而队内头号点球手丹尼斯·埃尔文早前打丢了一粒点球——不过还好,在门将扑出那球后,他跟进补射得手。在这样的情况下,埃尔文的副手约克让我去罚这粒点球,我也欣然接受了。我并不擅长罚点球,好在当时我们 4∶1 领先,爵爷也不太介意——我敢肯定,他每个星期真的就有这么较真。罚球时,我选择了力度而不是角度,然后进球了。为什么站在这么个平常绝大多数时间里都能干脆进球的地方,我反倒会不自信呢?这个问题我至今都答不上来。也许是心理因素作祟,毕竟罚点球时,必须头脑冷静,而在运动战里,身体预热过了,让直觉说了算就好。

▶ 里奥·费迪南德那天还在西汉姆联队效力,噢,别担心,看到这张照片的时候,他还总喜欢挖苦我一番呢! 说真的,他当时的确占得上风,抢在我之前把球捅了出去。我却喜欢提醒他,那天下午也就这次较量让他给赢了。当然,他那时候还是个年轻人,这场比赛让他获益匪浅。光阴似箭,如今的他已经成为一名顶级球员——我真想不出,过去 10

年以来,英格兰哪还能找出比他更好的后卫来——我很自豪地说,在他加入曼联之后,像这样一次又一次恰到好处的解围也的确帮助我们力保城门不失。

我们本来是1∶0领先的。当时我只不过是一家伦敦俱乐部里初出茅庐的新人,还以为我们在老特拉福德踢得不赖,甚至能够赢下比赛——可半场结束的时候,我们就被对手1∶4反超了。那时我意识到,自己还有很长的一段路要走,我甚至恨不得置身事外,撕心裂肺地痛哭一场。斯科尔斯那天的发挥让我绝望。他简直神了。而且他还是一名无私的球员,只有跟熟络的人在一起时,他才会展现出他那出众的幽默感。他滴酒不沾,十分聪慧,要是你想找出一个真正有自知之明的人,他绝对是不二人选。他是个很好的倾听者,然后会一针见血地发表自己的观点,为你打开思路。他不喜欢引人注目,可他这个人什么都拿得起,也放得下。

——里奥·费迪南德

◀ 又是这一身蹩脚球衣——这衣服大到两个人穿都没有问题了——可它并没有妨碍到我这一脚劲射,将球打入米德尔斯堡球门上角。那是 2000 年 4 月在河畔球场发生的事情了。球当时是从右路传过来的,我的衔接动作十分完美,所以皮球顺理成章地打进了死角。

　　这粒进球将场上比分改写成 3∶1。早前我们曾一球落后,我并不在最佳状态,全队上下也有点儿犯迷糊,因此这粒进球的到来就显得弥足珍贵。即便后来我们踢得磕磕绊绊,但最终还是以 4∶3 的比分险胜对手。我们还是很高兴的,因为米德尔斯堡从来都是块烫手的山芋,尤其是在布莱恩·罗布森坐镇对方教练的时候。

▼ 罗伊·基恩是在为我的进球表示庆祝吗？不,他不过是在激情咆哮罢了。他喜欢他那套庆祝方式,一有进球,他总是第一个出现在庆祝队列。瑞恩·吉格斯则会是那个在进球过后跑来评头论足的人。不过,他的话也没什么深度,都是些"你真了不起"之类的陈词滥调。真搞不懂他……

▲ 我知道,在大家的印象里我是个安静的小伙子,可有时我也会因为跟裁判顶嘴而出名!的确,我的处世之道告诉我,不要对裁判员喋喋不休,可要是我不同意他的观点的话,我也会跟他挑明。的确,我从现在已经退休了的保罗·杜金那儿汲取了教训。我当时冲他跑了过去,为一个争议判罚向他抱怨,可他只不过瞪了我一眼,告诉我管好自己的事,因为我当时表现得也不太好。他的回答让我瞠目结舌,完全无话可说。

我相信,我跟大多数裁判员相处得都很融洽,他们全都知道我是个怎样的人,也对我的抢断风格有所耳闻,虽说有时,甚至当我走出球员通道准备开场前,他们也会跟我说些比"管好你自己的事"更加辛辣的话。但我还是确信一点,大多数裁判不是故意找茬要让我吃牌,有时真是我自找的。我也试过小心翼翼,可拙劣的抢断有时候就那么发生了。裁判这一行的确很难干,总之我是绝不想涉足这个领域的。现在一切都有据可循,场边布满了摄像镜头,要是裁判错过了任何事情——有时这恰恰又是不可避免的,因为人非圣贤——他们就会受到人们的口诛笔伐。为了公平竞赛,他们有勇气站出来做他们的本职工作,这点着实叫人钦佩。试问,又有哪个球员不犯错呢?每个球员都有犯错的时候,但大多数时候,裁判错判远比球员失误更加显眼。

这里,时值 2000 年 1 月,我们做客埃兰路球场 1∶0 战胜对手,我倒不觉得我在抱怨什么很紧要的事情——可能是嫌终场哨迟迟还未吹响吧⋯⋯

▶ 为了赢得奖杯,我们全情投入,但真到了举起它向球迷展示的时候,我还是会略觉尴尬。我猜你也看出来这一点了。2000 年 5 月在老特拉福德,我们拿下了三连冠中的第二座联赛奖杯。倒不是说我不享受庆功会——相信我,我的确很享受,而且我讨厌一年里碌碌无为的感觉——但我个人认为,奖杯应该由队长举起,这样我就好早些起身离去。之所以这么想,是因为我觉得当时大家的注意力都放在了我的身上,而我又不喜欢出风头。我总是准备好了把奖杯递给下一个人,越快越好。事实上,要是他们把我给忘了,我也绝对不会计较。

▲◀ 我之前就说过,类似图中这样的时刻,对任何一个球员的职业生涯来说,都是叫人赏心悦目的。几分钟前,我刚刚在 2000 年坐镇老特拉福德对阵帕纳辛纳克斯的比赛中帮助球队实现 2∶1 的反超。比赛最后几分钟,我们控制着皮球,尽全力保住胜局。我们就这么相互传递,耐心控球,赛后我才得知那一刻我们总共传了 32 脚球。突然,我觉察到对方门将安托尼奥·尼科波利迪斯站位靠前。虽然我之后的决定风险很高,有可能将我们令人艳羡的控球率拱手让人,但我还是忍不住想来一记搓球,皮球就这么漂亮地越过希腊人的头顶,钻进了网窝。那真是一次美妙的经历,不仅仅是因为我打入了一球,更是因为整个球队至臻完美的发挥。

也许我真该把这些照片展示给皮特·舒梅切尔,并向他解释,即使我那么做会让他生气,但我每次要在训练时搓球过他头顶的原因就在这里。真弄不懂,守门员为什么会对搓球过顶这么反感,毕竟这也是比赛中的一部分,所以哪个球员不想这么练练脚呢?遗憾的是,大多数守门员都是舒梅切尔这种态度。例如,本·福斯特就禁止你这么干,到了英格兰国家队,大卫·希曼也讨厌你来这么一出。要是你对他搓球,他会直接抓起皮球把它一脚开得老远老远,以示抗议。似乎门将们都把它视为奇耻大辱。

幸运的是,埃德温·范德萨处理这个问题的时候,就显得开明多了。因为他知道我们也需要像对待其他技巧一样训练搓球。但这有个前提,要想搓过范德萨头顶是近乎不可能的。恐怕这就是他不会介意的真正原因吧!

▼ 心有灵犀？嗯，的确可以这么说，因为我跟吉格斯在一起踢了 20 多年的球，我俩甚至都能彼此感应到对方。有时我拿到球，甚至都不用看，也不用想，就知道他在球场的哪个方位，清楚他会以什么方式奔跑。在电光石火之间，这种默契给了我们他人难以企及的优势。一个出色的球队，很重要的一点就是队员之间能够在任何情况下猜到彼此的意图。近些年来，我跟大多数球队攻击手之间都有很强的默契，但很难超越和吉格斯的那种高度。我俩在一起踢了那么多年的球，这也算是情理之中吧。

　　这张图片拍摄于 2000 年 9 月主场对战桑德兰的比赛。大家伙儿的配合可谓行云流水，然后我进球了，正跟吉格斯一同庆祝。每天训练时我们都能发挥得如此出色，但真正到了球场上，仍能保持如此状态，实在叫人欣喜万分！从球迷的表情可以看出，他们也十分享受这粒进球。

▶ 这张照片十分带劲儿。看起来我展现出了非凡的射门技巧,动作恰到好处,也让皮球充分地发上了力。双脚离地的我确实很有感觉,可我还是很遗憾地告诉你,2001年4月主场对阵拜仁慕尼黑的比赛里,我这脚打门并未带来进球。如爵爷所说,要是皮球没有进门,展现出再好的射门技巧也全是白搭。

像这样腾空飞起的照片并不多见,所以我觉得当时这球打得自然流畅,事先并没想太多,完全是水到渠成。事实上,并不是每次触球都要在空中完成,可我想连贯地凌空打门。通常情况下,你并不需要为了发力而发力。有时候,要是你操之过急,你的头、手臂和四肢准会无所适从,失去掌控。相比之下,准确而巧妙的时机就尤为重要了。这里,我并没有铆足全身力气来脚爆杆,但你可以从飞扬的草屑看出当时的效果。因为留下了这片狼藉,我绝对是草坪护理员的噩梦。

至于为什么没有进球,我只能说,也许是拜仁慕尼黑的门将卡恩做出了一记精彩扑救——这也是唯一说得通的理由!

◀ 那一天我乐开了花——也就这次颁奖典礼能看见我笑得如此心花怒放了——当时我在老特拉福德举起了2000/2001赛季的联赛冠军奖杯。令人有些遗憾的是,我们其实是0:1输给了德比郡,对球员和球迷来说这难免有些扫兴。可没关系,没有什么能掩盖又一次举起冠军奖杯时的光芒,它见证了我们整个赛季的不懈努力。

爵爷胸前佩戴着奖章,自豪地看着我,样子惊人的年轻——我不过是换了种法子,说他在过去10年里又老了一轮。事实上,虽然他头上已经有了些许银丝,但他看起来精神倍儿棒,正在回味着他那个赛季的丰功伟绩。我相信,是足球让他永葆青春,尤其每天还要跟年轻球员打交道,更叫他容光焕发。

这是我们的联赛三连冠,简直如同丰碑一样。虽然我们之后复制过这种荣耀,但以前从未料想过,俱乐部也因此成为联赛百年以来第一支两度夺得三连冠的球队。真是帽子戏法中的帽子戏法……

▶ 我跟热刺后卫克里斯蒂安·奇格争球争得不亦乐乎,简直都有些像跳探戈舞了。对我而言,这场比赛太刺激了,可谓惊天地,泣鬼神。曼联跟热刺每每相遇,总是激情四溢、扣人心弦，可 2001 年 9 月做客白鹿巷的这次交锋真叫人荡气回肠，难以置信。

半场结束时，我们三球落后。在中场休息之前，奇格那一记精彩的鱼跃冲顶犹如梦魇般萦绕在我们心里，就这样我们进了更衣室，倒不是因为我们运气糟糕，我们踢得的确烂透了。我记不清爵爷当时确切说了些什么，总之他那番言论难登大雅之堂，要是让天真的孩子听见了，准会被带坏的。

纵使是在低潮的时刻，我们心中都铭记着曼联的精神，并且知道，要是能够在下半场刚开始就打进一球的话，没准还能挽救比赛。亡羊补牢，为时不晚，接下来发生的一切真是如梦似幻：安迪·科尔、洛朗·布兰科和范尼斯特鲁伊纷纷打入头球。接着，贝隆扬起左脚，也许他生平第一次以这种方式进球，难以置信地带领我们反超比分。最后，大卫·贝克汉姆用一记超级射门锁定胜局。

这是我参与过的最叫人拍案叫绝的惊天大逆转了——虽然我没做出多少贡献，既没进球，也没助攻——但球队的表现足以傲视群雄。当然，不是每天都能发生这样的事，但这种经历毕竟还是在队史中留下了浓墨重彩的一笔，告诉我们如果身陷绝境，倘若破釜沉舟，尚有回天之术。

▲ 在我介绍这粒于 2001 年 11 月在海布里球场打入的雨战进球之前,请容许我先问个问题——我什么时候转会去了狼队?老实说,我完全理解现代足球中的商业运作,但要是看到我穿着金色和黑色相间的球衣飞驰,那感觉还是有些不真实。对我来说,这两个颜色跟曼联一点关系都没有,我也根本不喜欢穿这身球衣。事实上,我讨厌俱乐部这些年来采用的条纹球衣设计,那玩意儿太花哨了。叫我老古董吧,我不介意,但我就是喜欢红白的球衣搭配,要是实在得换一身的话,那也请保留黑色或白色。至于其他颜色?留给别人好了!

直抒胸臆过后,我还是得承认,虽然对阵阿森纳时,我这粒进球让球队暂时领先——当时我接西尔维斯特的助攻,完成了个人赛季首球,说起来多少有些失望——但对曼联来说,那场比赛并不是最美好的回忆。就球队而言,我们表现糟糕,但在当场关键人物法比安·巴特兹的神奇表现下,似乎能够侥幸"偷走"一场平局。可最后时刻,我们的法国门将犯了两次失误,他的同乡蒂埃里·亨利则一一"笑纳",抓住了这两次机会,使我们咽下了 1∶3 失利的苦果。

◀ 看来,我还是得在这里贴出一张"斯科尔斯式抢断"的照片,要不然人们该指责我刻意回避这个问题了。还好 2001 年 12 月在克拉文农场球场对阵富勒姆时,我对路易

斯·博阿·莫特的这脚并未造成"灾难性后果"。也许,"蹩脚"才是形容这个铲断的最佳词汇吧。

　　事实上,我当时落地的时候没把握好,所以不可避免地做出了这记铲断。我从不觉得自己在任何抢断动作中恶意伤害过任何人。我绝没有这种念头。显然,有些时候我的动作做得并不完美,所以才会导致难以名状的后果。

　　当我因为蹩脚的铲断而吃牌时,我会十分沮丧,经常如此。我认为这事关个人名声。随着时间的推移,我感觉似乎有些裁判对我的铲断越来越难以容忍,他们会倾向早早地让我吃牌,好让我收敛些。但同时,我看到有个别球员做了四五次甚至六次犯规的动作,依旧没有吃牌。当时在利物浦效力的哈维尔·马斯切拉诺就是其中的典型。

　　要是我很早就拿了牌,我就得提前意识到其中的严重性。要是有一个五五分的球摆在我的面前,而我觉得自己很有机会把握住的话,我都会告诉自己,万一没拿到球,我可要被罚下场了。当然,这都需要当机立断,而我似乎总是没能做出正确的抉择。

　　是的,我不仅在某些裁判的心中种下了恶名,某些敌对球迷还喜欢拿我的铲断开涮。可我真的确信,我并不是那个会故意把同行弄伤的恶人。他们都清楚,我从未上演过剪刀腿抢断,也从没有故意做出格动作。我从来都没有想过要把对手弄伤,这才是事情的真相。

▲ 欧冠之前的最后一节训练课,球队的轻松气氛帮助我们减负不少,至少这个策略对我、贝隆、丹尼斯·埃尔文、尼基·巴特和罗伊·基恩是奏效的。这张照片摄于2002年4月,我们即将在欧冠半决赛对阵勒沃库森的前夕。为什么当时我们会笑得这么高兴?没准约克又冲咱们的爵爷来了记穿裆过人,然后拔腿开溜,消失了个无影无踪呢!

我是看着丹尼斯踢球长大的,他当时效力于奥尔德姆竞技队,在我心中,他永远都是一位英雄。他防守技艺精湛,奔跑能力出众,总是助攻上前。他还是点球和任意球的专家,左右脚都能够传出美妙的传中。爵爷把他称作是"百步穿杨先生"或"十球八进先生",这些头衔简直恰当极了。我还记得他效力狼队以后曾回到老特拉福德与我们同场竞技,他当时都快四十的人了,可风头完全盖过了C罗。好吧,你们也许会说,那时C罗才刚刚开始自己在曼联的征程,但丹尼斯的表现完全压过了他。

1990年,我亲眼见过丹尼斯对阵曼联时的情形,当时是两场足总杯半决赛,他还在奥尔德姆竞技队效力。读书的时候,我就与曼联走在了一起,但在我心中,我仍是奥尔德姆竞技队的球迷。所以我在缅因路球场,也就是足总杯半决赛的比赛场地买了张坐票,跟奥尔德姆竞技队球迷坐在一起。乔·罗伊尔将球队打造成了一支无坚不摧的队伍,半决赛首回合他的球队没少给曼联制造麻烦,比赛最终以3∶3战平。但第二回合他们没能复制上佳的状态,结果以1∶4告负。但丹尼斯两场比赛的发挥都很出色,因此爵爷才会在赛后立马将他招致麾下。

后来,能跟自己仰慕已久的球员同袍出战,对我来说真的好似奇迹。我还发现,他是一个十分讨人喜欢的家伙。

◀ 很遗憾,对阵勒沃库森的时候,我们并未达到最佳状态。事实上,我们那天晚上的表现糟糕极了,事后看来,我的表现尤其差。最终,我们1∶1与德国球队握手言和,但仍以1个客场进球的劣势被淘汰出局。对我们来说,在球队死忠和球迷都开始畅想汉普顿公园球场举行的欧冠决赛时,以这种方式输掉欧冠半决赛的确叫人失望透顶。但老实说,对手表现如此出色也确实出乎了我们的意料,他们占据了上风。总之,我们错失了晋级机会,正如我跟迭戈·普拉森特的这次拼抢一样,无功而返。

▼ 曼联防守角球的时候，我一般都是站在这个位置。在大门的右门柱位置，我可以好好地歇口气。但要记住了，能歇口气固然好，可你一定要确保能够随时应对飞过来的皮球。有一次我代表英格兰队出战的时候，我当时就没站稳脚跟，结果皮球先是越过了大卫·希曼的头顶，然后径直飞进了球门上角，我当时就站在那儿，呆若木鸡。我整个人看起来就像个傻瓜，这还是嘴下留了情的。当然，有时候你确实是无能为力，可至少你也得跳起来争取一下嘛！可这一次，我也不知道是什么原因，我看起来又呆住了，只能像个傻瓜一样袖手旁观。保护门柱在防守角球里非常关键，这点不言而喻，可有些球队偏偏不喜欢在门柱位置安排人员布防，这还真有趣，想想看，有多少个头球就是这么飞进球门上角的？

7

英格兰队
1997—2002

不会唱歌——但豪情万丈

　　虽然在此之前我在曼联过得很开心,还拿下了两连冠中的第二座联赛冠军,但我真的没想到能够在 1997 年春应召进入国家队。我当时 22 岁,这就意味着通过 U21 队进入国家队的这条道路走不通了,可我并不觉得遗憾,甚至都没有去认真考虑过这个问题。该来的总会来到,顺其自然吧。要是事与愿违的话……好吧,至少我对自己在俱乐部的表现还是非常满意的。

　　但是,在我被选中并且适应了这份喜悦之后,我心里由衷地感到自豪。我意识到,被英格兰队教练格伦·霍德尔选中,既是荣耀,也是责任。因此我下定决心,要全情投入、为国争光,这一点在我首秀替补登场时就已经展现出来了。当时我们在老特拉福德对阵南非队,还有什么能比在这里开始国家队征途更美妙的事情呢?

◀ 我真的是个五音不全的人，所以当初并没有和大卫·贝克汉姆、教练格伦·霍德尔一道，在英格兰对阵南非的比赛中唱国歌，这也许是个不错的决定。那是我的国家队处子秀，比赛时间是 1997 年 5 月，场地在老特拉福德。我有一点儿紧张，一心想着接下来的比赛，不知道自己会不会走出板凳上场踢球，所以对唱歌什么的根本就没在意。

事实上，我很少去唱国歌——可能在 66 次为国征战中，就唱过那么一两次——当然，这并不是说我反对君主制，或是别的什么激进主义。我只是把精力更多地放到手头的工作上罢了。格伦·霍德尔和斯文－戈兰·埃里克森都不在乎我们唱没唱国歌，不过凯文·基冈就不同了。

似乎此时此刻，在大家纵声高唱之时，我却在一旁冷静地嚼着口香糖——还真是谢天谢地，我并未因此叫人给扔进伦敦塔（古时曾用作监狱。）！

▶ 当我和女友克莱儿（也就是我未来的妻子）在 1996/1997 赛季末准备去纽约度假时，根本没有一丝风声说我会被征召进英格兰对阵南非的比赛大名单中。可 5 月将尽，我没能去"大苹果城"（即纽约）观光，而是沐浴在老特拉福德的阳光下，替补出场。

我完全没料到自己能被选中。一切都发生得太突然了，但能为国效力，特别是能够在如此熟悉的环境里，跟老熟人菲尔·内维尔、大卫·贝克汉姆和特迪·谢林汉姆一道，真是让我心潮澎湃，油然而生出一种自豪感。比赛还剩下大约 25 分钟的时候，我替换谢林汉姆出场。当天英格兰以 2∶1 的比分战胜对手，我出场后用一记头球摆渡，将皮球拨给伊恩·赖特，帮助后者打入制胜一球。不得不说，能以这种方式开始自己的国家队征程也挺不错的。

至于克莱儿，她没准会为错过纽约之旅而感到失望，可她也明白，作为一名职业球员，总要有所割舍，有所牺牲。好吧，我必须承认，15 年过去了，我依旧没有带她一睹"大苹果城"的风采，这多少让我有些愧疚。

▶ 得到国家队征召，我当时真想猛掐自己一下，看自己是不是在做梦！顾盼回眸，旁边和我一起拉练的居然是教练员格伦·霍德尔、保罗·因斯和伊恩·赖特！但最让我惊讶不已的是英格兰队的球队气氛，大家都格外友好、乐于助人，更别提队内还有很多我在曼联的队友了。

因斯是个伟大的领袖，我俩一起踢球时，他没少向我传授经验，让我这样的年轻队员受益匪浅。他和赖特的关系最要好，形影不离，总是开各自的玩笑，那么平易近人。两人都是以身作则，让我在场下也有跟他们铁板一块的感觉。

格伦希望拥有绝对的控制权。他跟大家伙儿不同，这点是绝对的，而且我也认为教练员就该与众不同。他当初能选中我的确出乎我的意料，但我十分感激他，毕竟如今要想进英格兰队是难上加难。我喜欢他的为人，他是一名出色的教练，总是希望球队能够运转正常。他总会加入到我们的训练中来，他的球员生涯无疑是辉煌夺目的。当然，他向球员展示自己的期望时，也是得心应手，毫无困难。我知道，关于他，还有些颇具争议的事件，比如坚持起用替代疗法专家艾琳·德鲁里（据说是一名巫师，格伦·霍德尔也因此饱受媒体和公众的口诛笔伐。），我得非常诚实地说，那套疗法绝不适合我。可是，他当时只是想尝试一些新鲜事物，我觉得他不应因此而遭受他人的诽谤和中伤。

　　保罗·斯科尔斯是皇冠上的宝石，绝对是他那一辈英格兰球员中的佼佼者，让人忍不住要把他的名字第一个写在比赛大名单上。到了国际赛场，他一跃成名，我并不为此感到惊讶，因为他能力全面，技术精湛。他几乎拥有一个球员梦寐以求的一切特点——天赋异禀、聪明伶俐、勇气可嘉。唯一美中不足的是他的抢断，这也是他一辈子挥之不去的阴影。总有那么几次，他会在极端愤怒的情况下做出凶狠的抢断。可说到底，斯科尔斯是一名出色的球员，同时也是个讨人喜欢的小伙子，这不仅归功于培养他的曼联俱乐部，也是他自己努力的结果。

——格伦·霍德尔

▲ 这是我打入的个人国家队首球,当时是 1997 年 6 月在循环赛(即为来年世界杯准备的热身赛)中对阵意大利,我代表球队首发出战。我十分享受在南特举行的这场比赛,因为我们 2：0 获胜,我先是帮助伊恩·赖特打入比赛首球,然后自己打入了第二粒进球。我跟这位阿森纳前锋配合默契,因为我完全知道他的想法。他能够从防守球员头顶争赢头球,因此我从本方半场向他来了脚长传,整个过程叫人赏心悦目。

我的进球则归功于团队协作,一系列配合传递之后,伊恩从左路下底传中,球的落点十分美妙,刚好让我抢在对方后卫贝纳里沃之前起左脚打门,最终皮球洞穿了佩鲁济把守的十指关,应声入网。

在对阵法国队之前,曼联前教头威尔夫·麦克吉尼斯告诉我说,只要像在俱乐部那样踢球就好。这真是个了不起的建议,我也总是能够出色地完成这一目标。

> 在大比赛开始之前,老队员向年轻队员传授经验是很重要的。我相信这能帮助他们树立自信。
>
> 场外,斯科尔斯似乎很羞涩,可到了球场上,他是个非常好的执行者,堪称团队领袖。他会用自己的传球说话,看他比赛真是如梦似幻。
>
> ——威尔夫·麦克吉尼斯

◀ 发现自己居然能跟加扎这样的天才同场竞技真是有些奇怪，因为他是我儿时的英雄，在全世界几乎无人不知，无人不晓。这张照片拍摄于1997年9月世界杯预选赛，当时我们在温布利大球场以4：0的比分击败了摩尔多瓦。加扎和我正在谈论些什么，我俩当场比赛均有进球。当时我还是个害羞的小伙儿，能见到加扎这样的偶像人物还真有些叫我提心吊胆，但我的哲学就是尝试像对待其他任何人一样对待明星队友。他是个十分热心的人，平易近人，打从认识他开始，我就与他一拍即合。

和加扎在一起非常棒，他的慷慨大度超乎想象，而且和蔼热情，但有时也有些令人难以捉摸。他很有趣，甚至有些荒诞，经常弄出点儿疯狂的言论或动作。当然，我从没遇见过他这样的一个人，也不奢望能遇见另一个他。能够跟他一同训练，一同比赛毫无疑问是我职业生涯中一份值得珍藏的记忆。

有些比赛中，你满脑子都想把球送到他的脚下，因为他一旦触球，就能做出许许多多不可思议的事情来。这种感觉不言自明，能够感染到其他所有球员和球迷，因此大家的情绪也随之被带动了起来。偶尔，他还能做出让人瞠目结舌、匪夷所思的事情，例如不费吹灰之力连过五人等等。我真希望我们能在各自的巅峰时期联袂出战，也许我们之间能够达成某种不可思议的默契。

照片里的加扎到底说了些什么？也许在告诉我他被某些大高个儿盯上了，因此我最好给他传地面球，而不是过顶球。对了，提醒你一下，我们之所以会在球衣上佩戴黑色丝带是为了缅怀戴安娜王妃，那天她刚去世不久。

斯科尔斯一向是我最喜爱的球员之一。作为一名伟大的球员，他无所不长，我很喜欢跟他在一起踢球。他可以在任何位置接起你的皮球，然后一个一脚触球，让你立马领会到他下一步的想法。他也是个可爱的小伙子，也会开玩笑，踢球时却又一丝不苟。我跟斯科尔斯私交甚深。他是个极富魅力，又极其纯粹的人。

——保罗·加斯科因

◀ 1998年6月世界杯小组赛,我们在马赛的维洛德罗姆球场迎战突尼斯,我梦幻般的国家队首发仍在继续。那天下午出奇地热,当时我们凭借阿兰·希勒的进球一球领先。之后,在禁区边缘的我拿到了皮球,通常遇到这种情况,也许你会朝球门的大致方向猛起一脚,但这次,我却瞄准了球门远角,然后右脚拔腿怒射,皮球随之应声入网。欢欣鼓舞的同时,我心里也长舒了一口气,因为此前我错失了几次更简单的机会。

还是个孩子的时候,我从来没有幻想过有朝一日自己能站在世界杯的舞台上。事实上,当时要是有人做出此番预言的话,我一定会说他脑子进水了。

◀ 从我凌厉的影子里可以看出那天马赛太阳的热辣程度,可在打入突尼斯大门之后,纯粹的快乐让我忘记了天气的炎热。事实上,我根本就不怀念当时的天气。球场的地面温度可能都有个一百来度了,而我天生就不适合在这样的天气里踢球。

虽然我并不喜欢离家太久的感觉,但这次是例外。要知道,没过几天,我的老家曼彻斯特就陷入了疯狂。报社记者把我母校围了个水泄不通,忙着采访我的老师们,发掘我童年时的照片,苦心寻找我幼时的零碎片段。我可不喜欢这样,这像是一种侵扰,但事已至此,我又只能竭尽全力地去适应。事实就是这样,要是你在世界杯上为英格兰打入一球,人们巴不得把你了解个一清二楚。幸运的是,我当时并不在国内,因此得以继续为下一场比赛做准备。

◀ 媒体就是喜欢让人摆各种蹩脚的姿势拍摄蹩脚的照片,我反感极了。年轻时你倒能厚着脸皮照他们吩咐的做,等岁数大了,你就能果断地一口回绝了。这张照片拍摄于球队战胜突尼斯的赛后,他们叫我一面抱着地球仪,一面指出下个对手罗马尼亚的位置。好像要我说,放马过来吧!

进入英格兰队后,我的生活发生了深刻的变化。在那之前,我总能避免在摄影师面前制造这类愚蠢的噱头,但现在,我必须参加英格兰队的新闻发布会,一想起自己生平第一次接受采访时的情景总叫我苦恼不已。

至于那场比赛,我们输了个 1∶2。罗马尼亚是支优秀的球队,表现得比我们好。格伦·霍德尔赛前就很担心罗马尼亚这个对手,现在我们才体会到了其中的缘由。我觉得,第一场比赛我们的体力消耗很大,因此第二场比赛才会表现得浑浑噩噩。

▼ 第三场对阵阿根廷的小组赛里,18 岁的迈克尔·欧文横空出世,在世界舞台上证明了自己。他打入了一个迄今为止最令我叹为观止的进球,幸运的是,我没有搅坏一锅汤。当时我们在圣埃帝安球场与对手打成 1∶1,接着迈克尔似乎飞奔着将半数阿根廷队员甩在身后,然后在禁区内以一脚完美的射门稳稳地将皮球送入球门上角。我当时就在他旁边,也许我还冲他嚷嚷着要球呢,但他要么就是忽视了我,要么就是根本没看见,没把球传给我。我觉得这没什么大不了的,因为之后我错失了一次类似的机会,没能将球队领先优势扩大到两球。要是当时……

▲ 1998年在圣埃蒂安大球场那场难忘的世界杯比赛里,我正在跟未来的队友胡安·塞巴斯蒂安·贝隆争顶头球。贝隆绝对是一名伟大的球员,看他踢球是一种享受,当时他们阵中还有不少类似的巨星,例如阿里尔·奥特加和加布里埃尔·巴蒂斯图塔。

不过话说至此,虽然他们在世界杯上的表现一向亮眼,但我真的觉得当时拿下比赛的应该是我们才对,因为我们的发挥要更胜一筹。但比赛最终以2∶2平结束,然后我们在点球决胜中落败。赛后,看到阿根廷队员欢庆的画面真叫人心里不是个滋味:他们在球队大巴里又唱又跳,把球衣挥过头顶。不过,我还是劝慰自己,在如此短的时间内,我其实已经走出去很远了。毕竟,这才是我代表国家队出战的第一个年头,而且我还只有23岁,还有的是时间。我们曾经离荣耀如此之近,但痛定思痛,我还是得老实说,就算击败阿根廷,我们也不一定能够捧得大力神杯,因为前方还有法国队和巴西队两大劲旅。

◀ 1999年3月欧锦赛预选赛，那天下午阳光明媚，我在对阵波兰的比赛中上演了帽子戏法，毫无疑问是我职业生涯的巅峰之作。当时凯文·基冈刚刚走马上任，而我早早打破僵局对他来说无疑是开门红。阿兰·希勒在禁区里将球敲给我，没人盯防我，就在我跟对方门将亚当·马蒂塞克一对一的时候，我选择在他扑向我的时候挑起皮球。我当时踢中前场的位置，就在阿兰·希勒和俱乐部队友安迪·科尔的身后，教练只是吩咐我尽可能突前。我欣然领命。

▲ 第二粒进球则略显滑稽。贝克汉姆以他标志性的美妙传中找到了我,可我那时来不及调整身体正对皮球,所以直到现在我还说不准当初是怎么把球打进的。我感觉是胸脯发力,也许皮球还轻微地碰到了我的手臂。波兰队球员肯定认为这球多少有些手球的成分,可老实说,我自己并不清楚,因为我当时正与托马兹·拉平斯基争顶。慢镜头回放甚至都不能交代清楚,这张照片也看不明晰。可最重要的是,裁判并未觉得有何不妥,于是在这场颇为重要的比赛中,我们在短短 20 分钟内就确立了两球优势。

▲ 我得说当时庆祝第二粒进球的时候,我的确有些厚脸皮,就好像我逃过了什么似的。但老实说,我记不起来了。我觉得我当时只是高兴坏了,为自己能在国家队打入一球而感到骄傲。

▲ 我的第三粒进球来自下半场半程的关键节点：波兰队在中场休息前扳回一城，刚刚将比分改写成 2∶1，这会儿正全力争取打平。加里·内维尔在右路掷出大力手抛球，阿兰·希勒在近点轻巧地将球吊给了从中线一路飞奔到离门 8 码位置的我。我的头球势大力沉，击穿了马蒂塞克的十指关。这也是整场比赛最后一粒进球，我永远也忘不了这一天。

▼ 能够看到自己的名字出现在温布利大球场的电子灯上真叫人豪气冲天，能够在一天下午三次获此殊荣更让我感觉尤其幸运。你完全可以说我那天是高兴到家了！

▶ 比赛结束后,凯文·基冈过来找我,表情就像是自己进了帽子戏法那样开心。我喜欢凯文,我们都希望为他拼尽全力。他有着非常热情的性格,总是能告诉我们一些关于他球员时代的故事,并且保持着一颗进取之心。他这个人激情四溢,并且热爱自己的足球事业和祖国。在我印象里,凯文绝不是深究战术的教练。举个例子,他对我的建议是越突前越好,还让我去投掷边线手榴弹

呢!这会儿,他正为我对波兰时上演的帽子戏法而笑得乐不可支呢。

有些人喜欢给他贴标签,说他是个不切实际的人,因为他对比赛的态度总是那么的"轻描淡写"——到了赛场,只要比对手打入更多进球就好。也许他对防守并不感冒——当然,更有可能是他把这方面的任务委任给了助理教练德雷克·法扎克利和亚瑟·考克斯了——但他的的确确是一名出众的攻击手,恐怕这就是为什么他会把同样的比赛态度延续到教练生涯中来了。我喜欢他这种教导,因为我正好适合这种比赛方式,因此在他执掌英格兰队教鞭的时候,我真是如鱼得水。

在我为利物浦首战出场以后,比尔·香克利告诉我想在球场的任何位置踢球都没关系,还让我时不时地掷些手榴弹。他的意思其实是让我给对手制造些麻烦,为本方创造机会,让大家伙儿知道我的存在。我认为斯科尔斯也是类似的球员。我知道他的位置安插得比我那会儿要更深,但他跟我属于同一种类型的球员,一个自由人,我想让他充分地发挥才能。

斯科尔斯拥有一颗出色的足球大脑以及顶级的职业态度,所以我知道他仍会参与回防,因此也没刻意限制他。他总是非常主动,对进球很有感觉,这些都是他价值连城的优点。所有技术我都给他100分,除了铲断,但毕竟人无完人。在做人方面,我给他打110分,因为他是个特别的人。

——**凯文·基冈**

◀ 这是我走回温布利大球场更衣室时的画面,当时我抓着比赛用球准备放到我的装备袋里去,同行的是杰米·雷德克纳普和菲利普·内维尔。我跟杰米经常一起踢球,他在我之前就已经进入了英格兰队,给我留下了友好、正直的印象——就是当你刚刚进入一个陌生的环境时,给你欢迎的那种人。

　　当然,我跟菲尔(菲利普的昵称)很熟了,他过去曾是,现在也还是我最好的足球伙伴,曼联见证了我俩的成长。我们私交甚笃,家人也彼此熟悉,经常一起出去吃饭,出席孩子们的派对聚会。对了,我还是他女儿伊莎贝拉的教父。自从他去埃弗顿以后,我俩每周都要打两三通电话,彼此的友谊并未有任何变化。找不出理由说我俩在不同的俱乐部踢球就不能继续做朋友了。

　　虽然我比斯科尔斯小两岁,但自从我俩都进入英格兰队以后,就经常聚在一起。我们都很重视家庭,迅速建立起了深刻的友谊。只要他一开口,立马就能把我逗笑。所有人都在高谈阔论的时候,他会保持安静,接着冷不丁地杀出一句话,把大家伙儿逗得乐不可支。

　　当然啦,他在球场上的表现令人难以置信,是我所见过的最优秀的中场之一,可他却对此十分谦虚。我觉得,他都察觉不到自己有多么优秀。他只不过是来工作,干好该干的事情,然后老老实实回家,评价自己的时候又非常低调。在我离开曼联以后,有时我会收看他的球赛,然后告诉他,他的表现精彩绝伦,知道该怎么踢比赛。而他总是说,他不过踢了场平平常常的球赛,他从来都不想小题大做。但是,请相信我,他迈进绿茵场后,绝对是万众瞩目的焦点。他具备一颗最优秀的足球大脑,如同赛场上的学者,洞悉球场上的一切。每当我想谈论足球的时候,我都会给斯科尔斯打一通电话,没有一次失望过。

——菲尔·内维尔

▼ 在对阵波兰打入帽子戏法之后的下一场比赛里,我算是深切地体会了一把足球场上的起起伏伏。我们和瑞典队的欧锦赛预选赛以 0∶0 闷平告终,那场比赛我成为史上第一名在温布利球场被罚下场的英格兰球员。事实上,随着老球场被推平重建,我也成为唯一一名享此"殊荣"的英格兰球员,可谓"青史留名"。

因为两次冒失的抢断,我累积两张黄牌下场,对此我没什么好抱怨的。那天下午我的确不在状态,但是这依旧谈不上是我吃牌下场的托词。在老温布利球场被罚下场简直形同噩梦,因为往更衣室的那段路尤其漫长,就像有 3 英里那么远——也许这只是我自己的感觉罢了。反正我的情绪糟糕极了,像是我让队友和教练失望了一样。真的非常不好。

可是,凯文·基冈真的对我很好。他只是抱住了我,告诉我不要自责,足球场上难免会发生这种事情。当然,他在为利物浦效力的时候,也曾在温布利大球场对阵利兹联的慈善盾比赛中被罚下场过,和他一起走那段"漫漫长路"的,还有对方球员比利·布莱姆纳。也许,正因为亲身经历过,他才会更加同情我的吧。当裁判向我出示第二张黄牌的时候,我想他也能体会到我当时胃里翻江倒海的滋味。"从英雄变狗熊"都很难表达出我当时的感受。

▲ 能够在汉普顿公园球场对阵苏格兰的首回合淘汰赛就打入两球,可以称得上是我的国家队生涯的最高成就之一。这场比赛意义非凡,它将决定我们两队谁才能够跻身欧锦赛决赛圈。1999 年 11 月的这场比赛前,纵以现在的眼光来看,媒体的大肆炒作简直到了无以复加的境地,比赛当天的气氛也的确无与伦比。

  这粒打开僵局的进球来自比赛开始第 20 分钟。索尔·坎贝尔将球吊到禁区里头,我抢在对方后卫之前胸前停球,在门将尼尔·沙利文出击封堵角度时将皮球打进。我后头那个满脸惊恐却又无能为力的家伙是年轻时的巴里·弗格森。

▶ 半场结束前,我接到大卫·贝克汉姆的定位球传中,以一记头球锁定了 2∶0 的胜局。当时我们队内所有的大个儿都跑到了对方禁区里——例如索尔·坎贝尔、阿兰·希勒、托尼·亚当斯还有马丁·基翁——显然,苏格兰的防守球员没把我这样的小个子放在眼里,还以为我绝不会接到贝克汉姆的传中呢,所以没人盯防我。我当时一心一意,把精力全部集中在命中目标上,然后就这么进球了。我的右手腕那会儿还受了伤——你也看到绷带了——但我很庆幸,完成这记头球落地后,我没有受到二次伤害。

赛后,报纸上对我们的赞扬堪比山高,可四天之后移师温布利,我们却表现糟糕,唐·哈钦森的进球一度让苏格兰人看到希望。最终,我们凭借2∶1的总比分惊险晋级。但我还是想说,这两次英格兰对苏格兰的遭遇战对我而言都是神奇的经历。在过去,两支队伍狭路相逢时,气氛简直如同决赛一样,而且我觉得,这种比赛氛围现在也应该延续下来。我知道这里头有安保问题,但我认为,不能因为可能的集体骚乱而因噎废食,将这种极其重要的比赛剔除出去,重点应该放在维护比赛治安上头。要知道,输掉英格兰对苏格兰的比赛简直如同在全国越野障碍赛马落败一样糟糕。

▲ 我们花了很长时间准备这场与葡萄牙的欧锦赛揭幕战——然后,在埃因霍温球场仅仅过了3分钟,大卫·贝克汉姆从右路传了一脚大师级的传中,我奋力将球顶向球门,皮球击中横梁内侧入网。梳着标志性金色卷发的人是阿贝尔·沙维尔,他在利物浦和埃弗顿都效力过,这会儿他没有和我争顶,因为他正忙着盯防迈克尔·欧文呢。

对我们来说,这是一个绝妙的开局,15分钟后,史蒂夫·麦克马纳曼接贝克汉姆传中,将领先优势扩大为两球。但葡萄牙队展现出了他们作为世界一流强队的本色,竟然在半场结束前就扳平了比分,下半场更是打入了反超进球。眼看优势土崩瓦解,我们大家都失魂落魄。但说到底,我们的确不如对手强大,而且那天的表现也确实不好。

◀ 这张我的特写很好地映射出英格兰队的共同感受。对任何一支球队来说,领先两球被反超都会让士气大受打击,但我们必须将其抛诸脑后,继续前行。有一件事很诡异:头球攻门的那张照片里我身穿短袖球衣,这会儿却穿着长袖球衣……我都不记得我换过衣服了。

7 不会唱歌——但豪情万丈

▶ 在落败葡萄牙之后,我真的不知道,自己怎么就会在第二场对阵德国的比赛前露出这么一副洋洋得意的表情。那是在沙勒罗伊的事儿了。通常情况下,比赛开球前,我会一脸严肃,聚精会神,但这张图里的我显得十分轻松。会不会是我在笑贝克汉姆忘记喷发胶了?——绝无可能!他怎么会忘!

不过,我也笑到了最后,因为我们1∶0战胜了对手——这都多亏了阿兰·希勒的进球——保留了晋级的希望。还有一件事,这张照片上的我已经开始显得有些苍老了,眼角和唇边都浮现出了皱纹。我本来倒无所谓的,可那时候我才25岁啊……

▼ 3∶2输给罗马尼亚彻底断送了我们的欧锦赛征程,这是我们之前所始料未及的。6月21日,随队乘飞机返回希思罗机场的我和菲尔·内维尔脸上写满了失望。

对菲尔·内维尔来说,他心中的失望之情更加沉重,因为那记不幸的铲断和颇具决定性的点球,他遭到了媒体和球迷的围追堵截。我们当时距离1/4决赛仅1分钟之遥——一场平局本来是足够的——因此大家都懊悔不已,可没有人去责备菲尔。我们全都支持着彼此——这就是团队精神——要是因为全队表现不佳,而去指责任何一次糟糕的铲球绝对是一件十分可笑的事。

说到口诛笔伐,菲尔和他兄弟加里·内维尔一样,在职业生涯中没少遭受过无脑的批评,但他俩从没让这些指责影响到自己,这点很了不起。他们的性格都十分坚强,想想那些批评者也真是愚蠢,因为内维尔兄弟根本没把他们当作一回事,不过是一笑而过罢了。

◀ 在我身披国家队战袍期间,得知布莱恩·基德进入教练组的新闻最让我激动万分,因为基德总能让我脸上挂满笑容——这也是照片里他此时此刻正在做的事情,当时我们正在为对阵芬兰队的世界杯预选赛做准备,基德三天前才出乎意料地接过帅印——不过他的工作也是面面俱到,非常出色。他的训练方法和执教风格都恰到好处,能够很好地担负起球员和高层之间的协调员角色。当时我们士气低落,球队士气亟待重振,没有人能够比布莱恩更胜任这份"破冰员"的工作了。我在曼联的时候就发现了他的这些优点,打从 13 岁开始,我就与他共事了。他是一个风趣幽默的人,常常能够冷不丁地开起某人的玩笑,能够在国家队和他再次聚首,真是万幸!

基德自己也是曼联人。在老特拉福德的时候,他跟每个人都处得非常好,尤其对我这样的本地人特别好。有些教练可能会拿伦敦帮说事,说他们不远万里来加盟曼联,因此待遇似乎理应要比我们好一点儿。一有新奇装备,他们都是第一个尝鲜的,而我们就得靠边站了。但基德却对我们另眼相看,组成了一个本地帮,而且我很高兴地说,他这么做并没有错。他对我们的照顾无微不至,我们对他充满了感激。

第一次见到斯科尔斯是在米德尔顿的一座体育馆里,当时他正在踢少儿五人制足球比赛,我那会儿还没到曼联工作。他的个头非常矮小,但很多人都对他出色的球技赞不绝口。之后,弗格森爵士叫我去看看当地年轻人的联赛,斯科尔斯是其中的重点关注目标,我就在奥尔德姆竞技队竞技中心找到了他。我并不是在挖人家的墙角,因此我找到了他的家人,也找到斯科尔斯本人谈起加盟曼联的可能。我知道,他忠于奥尔德姆竞技队,这家俱乐部有一套出色的青训体系,而且我也从没有给他们家施压,我只是向他们展示了曼联的发展规划。最终,他选择了曼联,对我们俱乐部来说,真是个天大的好消息。

——布莱恩·基德

▼ 这脚球进得十分漂亮,堪称我在英格兰队的杰作。当时是2001年5月,在对阵墨西哥的友谊赛中,我在离门20码开外打进了这脚远射。那是一个美妙的夏夜,草坪很美,比赛也让人赏心悦目,最终我们4∶0击败对手。虽然算不上非常重要的比赛,但也留下了开心的回忆。

▲ 这粒进球并无什么特别之处,但对于 2001 年 6 月的这场世界杯预选赛来说,它的意义极其重要。当时我们做客雅典对阵希腊,皮球从赫斯基脚下传给了我,于是我伸出右腿,赶在门将安托尼奥斯·尼科波利迪斯之前,在离门 6 码处将皮球捅射入网。这粒进球帮助我们在接近 30 分钟的胶着比赛里领先对手,但直到贝克汉姆打进制胜一球,我们拿分的希望才最终尘埃落定。

　　奥林匹克体育场堪称希腊队的魔鬼主场,那天晚上整座球场山呼海啸,气势如虹。球迷十分亢奋,他们也有理由高歌,因为希腊阵中不乏天才球员,而希腊多家俱乐部也早就证明了它们并非欧洲足坛的"弱敌"。 所以主队的呼声很高。虽然他们并未最终入围 2002 年世界杯决赛圈,但两年之后他们东山再起,一举夺得欧锦赛冠军,创造了希腊神话。

▼ 迎接下图 11 名球员的是一个令人难以置信的赛果——英格兰队在慕尼黑奥林匹克球场以 5∶1 大胜德国队,这一天是 2001 年 9 月 1 日,世界杯预选赛。说实话,这是一场惊心动魄的比赛,不论岁月蹉跎,时光荏苒,它都将成为英格兰球迷和粉丝津津乐道的惊奇记忆。

赛前,我们认为能拿到平局就算不错了,但接下来发生的一切完全超乎了我们的想象,特别是在他们拔得头筹之后。那天真叫人兴奋,现在想来也是弥足珍贵,英格兰球员像是着了魔一样,好像一起脚,皮球就能应声入网。

迈克尔·欧文上演了帽子戏法,同样取得进球的还有史蒂文·杰拉德和埃米尔·赫斯基。防守端的表现也十分优异。英格兰队对阵德国队的火爆程度好比是曼联对阵利物浦,总是让人心潮澎湃。当然我们也得承认,那支德国队并不是历史上最强大的德国队,但这也丝毫不能冲散我们当时的兴奋之情。

后排左起:索尔·坎贝尔、埃米尔·赫斯基、里奥·费迪南德、大卫·希曼、迈克尔·欧文。前排左起:尼克·巴姆比、史蒂文·杰拉德、我、加里·内维尔、队长大卫·贝克汉姆、阿什利·科尔。

7 不会唱歌——但豪情万丈

◀ 2002年世界杯预选赛主场对阵希腊的比赛，注定将作为贝克汉姆的得意之作而永载史册。是他帮助球队2∶2战平对手，拿到了晋级决赛圈所必需的宝贵一分。作为队长，哪怕是以他个人的高标准来说，他的表现都是居功至伟，几乎是凭借一己之力，利用任意球机会扳平比分，取得绝杀。

但相比于贝克汉姆惊艳的发挥来说，我的发挥可谓是鲜明的反例，简直形同梦魇。我没能把球传递给伙伴制造威胁，铲断也都没有把握好时机，射门又迟迟未能找到准星。虽然在这张图片里，看起来我是赶在对方后卫科斯塔·康斯坦蒂尼迪斯之前抢到了皮球，但我确信这脚球我后来打偏了，还偏得很离谱。我只能说我度过了一个难熬的下午，都等不及赶紧回家了。

▶ 我瞪大双眼的无辜表情足以说明问题。我就这么看着加布里埃尔·巴蒂斯图塔在过掉我之后，身子摇摇欲坠。当时是 2002 年世界杯小组赛，比赛场地是位于日本的札幌圆顶球场。显然，我俩根本没有身体接触，最终我们以 1∶0 的比分获胜，多亏了贝克汉姆那一脚势大力沉的点球。

▼ 冷冷的冰雨胡乱地拍在我脸上，但这场夏日夜雨的意义却非比寻常。因为我们英格兰队又在十六强赛中以 3∶0 的比分击败了丹麦，要知道，我们才刚刚在由瑞典、阿根廷和尼日利亚组成的"死亡小组"中杀出重围。那晚雨下得很大，我不得不用手拧干球衣上的水。但我还是得说，这还不算最糟的——至少它能帮助我降温冷静。有一点是显而易见的，比起在炎热的下午比赛，雨夜的球赛肯定要舒服得多。对比一下我们之后迎战巴西队的比赛，你就明白其中的原因了。

没有任何理由来粉饰真相。2006 年 6 月,当我们在炎炎夏日来到日本静冈市迎战巴西队时,我们的表现的确叫人失望。我那天不在状态,事实上,大多数队员都表现得有失水准。比赛快要进行到 30 分钟的时候,迈克尔·欧文先拔头筹,但英格兰队之后的表现一落千丈,最终输了个 1∶2。

也许我们也不应该妄自菲薄,因为有时候你必须向你的对手脱帽致敬。罗纳尔多(左上图)、里瓦尔多(右上图)和罗纳尔迪尼奥(右图)都是典型的例子,他们都是顶级球员,最终携手夺得世界杯,为巴西争了光。里瓦尔多打入了一粒令人不可思议的进球,帮助巴西队扳平了比分。虽然之后罗纳尔迪尼奥的进球带有些许运气成分,但无可厚非的是,我们没有踢出他们那种水准。我不愿意以这种方式告别世界杯,但生活就是这样,岂能尽遂人意?

我的妻子和孩子都飞过来观看了比赛,因为挺进八强的我们曾有那么一丝机会一路披荆斩棘下去。我的两个孩子——亚伦和艾丽西亚当时还太小,约莫只有一两岁,我觉得他们在日本压根就没有睡醒过,所以他们是来看了世界杯没错,但究竟看进去了多少就不得而知了。

我必须坦白的是,我并不享受这次世界杯征程,这也突出体现出我并不喜欢国际比赛的态度——因为旅途太过漫长,然后待在距离机场一个小时路程远的酒店里头,再飞到下一个目的地,飞这儿飞那儿,一刻都不得歇。我的孩子们还太小,远离家庭 6 个星期对我来说可不是什么好事。有些人觉得这不算什么问题,但我却总是疲于应付。

▼ 2002年11月,参与韩日世界杯的英格兰队众将士获邀参加于白金汉宫举行的接待会。希望我当时穿戴得还算体面,虽说的确有些不自在,毕竟当时面对的是女王陛下。显然,有人帮我打理好了领带,而我在介绍自己的时候也没让整个团队失望。我们并没有交谈太久,女王也没有问诸如曼联会在下一个转会窗买进哪些球员的问题,不过能够觐见女王陛下无疑是让我印象深刻的一次经历。我旁边那位是荷兰籍的按摩师理查德·史密斯,他似乎比我更能抓住女王讲笑话的笑点。

8

2002/2003

重回巅峰

  只有克服挫折与失败之后,成功的滋味才会更加美妙甜蜜。赛季最后一战对阵埃弗顿,远赴古迪逊公园球场的曼联球迷整场比赛都在山呼海啸般地高唱颂歌,我们也以2∶1的比分拿下对手。那首朗朗上口的小曲后来也成了我的至爱——《我们重夺冠军奖杯》(We've Got Our Trophy Back)。也许你会因此推断出我对音乐的鉴赏能力——好吧,是有些"下里巴人",你这么说也没错,但没关系,我不会为此失眠计较的。一言以蔽之,当时的旋律在我脑海里经久不衰,即便到了如今,每当听到这首小曲都能让我欢快愉悦。

  从个人层面出发,如果用进球数量来衡量的话,2002/2003赛季是我职业生涯最成功的赛季:单赛季我总共打入了20粒进球。当然,有喜就有忧,春季转会窗开启的时候,我们送走了第一位离开曼联的"92班"成员——大卫·贝克汉姆。

▲ 从小我就听人说,好的球员向来都是那些总能拿到球的人。这句话深深地烙印在我心中,所以每次我都积极跑位,创造空间。我倒不是自吹自擂,但我觉得自己确实有这种直觉。当你空间富余的时候,踢起球来当然更加得心应手,这是颠扑不破的真理,对我这样不能像瑞恩·吉格斯那样灵敏过人的球员来说,更是如此。哪怕面对对方的四名球员,吉格斯也能轻松应对。我呢?我可不能指望自己能像他那样轻松应付了,可要是一找到空隙,我就希望自己能够把皮球传递到正确的位置。我相信,这里面是有诀窍的。我也说不准这到底是后天教会的,还是先天获得的。不过更有可能是天赋,我很庆幸自己生来就掌握了这种诀窍。

这张照片拍得绝佳,是由约翰·彼得斯拍摄的,打从我记事时起,他就已经是曼联的御用摄影师了。他在这张照片里头营造了一个假象,好似我置身于一片偌大的开阔地一样:我可以是在卡灵顿训练基地里,也可以是在当地的公园里,甚至说我飞到了月球上面都不为过呢!可事实却是,我们在老特拉福德与富勒姆队决一雌雄,那是 2003 年 3 月的事情了。

我看起来很惬意,很自在,用现在的话来说就是"处在巅峰状态"。这种感觉真的很棒，一切都是那么的写意，在绿茵场上浮动飘逸，世间的纷纷扰扰与我无关。等我年纪越来越大后，有时足球就成了一项艰难的工作。到了这种时候，我就会回想起那些年我在绿茵场上无所不能的峥嵘岁月。照片里就是对那段日子的真实写照。

▼ 我并不擅长带球过人……我很少尝试用奔跑的方式过掉对手，因为我更愿意用传球突破防线。可如果对方像2002年10月的这群奥林匹亚科斯球员这样，向我逼抢过来，要给我一次表现机会的话，那么好，我也会健步如飞。

　　我并不喜欢在希腊踢球。我敢肯定，去那儿度假还不错，雅典也是一座令人叹为观止的城市，可作为球员，我们能够观赏到的，只有机场、飞机、大巴、酒店和训练场。先是四个小时的飞机，再坐一个半小时的大巴，回到家差不多都凌晨四五点了，筋疲力尽，这还不算完，没准心里头还在想两天之后的联赛准有一场硬仗要打。我倒不是在抱怨足球运动员的艰辛，但的确不如其他人想象的那么光鲜亮丽。

▼ 在我的职业生涯里,阿森纳算得上是曼联的劲敌,不过我并未在对阵他们的比赛中斩获很多进球。所以当照片中的我命中目标时,我心里妙不可言。这粒进球来自2002年12月在老特拉福德对阵阿森纳的比赛,当时距比赛结束还有大约20分钟,而这粒进球帮助球队2∶0锁定胜局。我那会儿刚刚过了马丁·基翁,但他没有放弃,又追过来再次拦截我。不过,他没能阻止我起脚打门,球在他身上有个细微的变线,然后越过了守门员斯图尔特·泰勒的十指关。

基翁是一名刚毅勇猛并且效率奇高的后卫。但让大家记住的那个他可谓负能量爆棚,那是上个赛季的事了,当时范尼斯特鲁伊在对阵阿森纳的比赛里罚丢了点球,基翁立马跑过去朝他出言不逊。但事实上,基翁有着迷人的性格。在球场上,他绝对是所有对手的噩梦,但到了场下,他又是个幽默风趣的家伙——是那种让你发笑的有趣,不是那种怪异的有趣。好吧,也许发笑中也带着一丝怪异,没准"另类"是个比较准确的形容词。

这场比赛中,菲尔·内维尔在中场的表现堪称现象级,他镇守在罗伊·基恩之后,没有给帕特里克·维埃拉任何表现的机会。也许,这是曼联球迷最为津津乐道的那个菲尔·内维尔,但我还是得说,他最擅长的位置还是边后卫。在这个位置上,他真正能够做到"无所不在",甚至连他都给自己取了个外号,叫"救火队员",因为他会不辞辛劳地满场飞奔"救火"。他那天的确无愧这个雅号。

▲ 这张照片也是比赛当天拍摄的,不过并不是我的高光时刻。蒂埃里·亨利刚刚突破了我的防守,朝中场区域快马奔袭,可别指望我能追上他!唯一能够阻止他的,恐怕只有来一脚"绊马索"了,可即便如此,估计也是为时晚矣。

  虽然我认为他在光临老特拉福德的比赛里,发挥得并没有那么神奇,但是这名法国人多年以来一直都是我们的劲敌。我知道,他的确在我们那场 6∶1 的比赛中打入挽回颜面的一球——就是忍不住要说一说比分!——但除此之外,也没什么亮点可言了。这也就是说,要是他发挥好的时候——有那么几次他在海布里可真把我们折磨得够呛——绝对是才华横溢,拥有超一流的竞技水准,球技精湛美妙。最让我感到惊奇的是,他几乎都不怎么出汗!他能够轻巧自如地以百米冲刺的速度过掉五六个人,甚至都不会气喘吁吁!

  我们场下没有什么交集,但有一次,我们在一天下午为某款电脑游戏做推销,他给我留下了非常不错的印象。几乎所有在球场上给我制造麻烦的人在场下都为人不错。如此想来,看人看事切忌管中窥豹。

▲ 没有什么能比得上你在比赛中打进绝杀一球、帮助球队力挽狂澜,更能打击联赛冠军的竞争对手了!2003年元旦主场对阵桑德兰的比赛里,我就深有体会。

客队很长时间内一直保持着1:0的胜局,但比赛还有10分钟的时候,贝克汉姆横空出世,扳平了比分。在那之后,我们围攻对手,但无奈始终破门乏术。直到伤停补时阶段,西尔维斯特给我送来了一记传中。对方门将尤尔根·马乔那场比赛表现十分出色,看到飞过来的皮球,他势不可挡地冲了出来,摆在他面前的就两条路,要么双拳击出皮球,要么朝我脑门来一记闷拳。还好我时机把握得刚刚好,不仅赶在他之前将皮球顶进网窝,还避免了遭他"当头一拳"的悲剧。

曼联现在是以"永不放弃"的精神威名远扬的,同时我们也知道,这种迟来的胜利对其他有希望争冠的对手来说,绝对形同晴天霹雳。如果是你打入了绝杀进球,简直能够催生你心中那不可战胜的豪情壮志。不过,我们也体会了一把对手的感受。一年之后,何塞·穆里尼奥治下的切尔西就接连打入绝杀进球,这对我们那时的心态绝对有很大的影响。不管人们怎么安慰,你肚子里总会有道不出的苦水,让你感觉很糟糕——不过能把这种感觉加在你的对手身上就另说了。

▼ 2003年1月,我在老特拉福德对阵切尔西的比赛中顶进了这粒头球。照片里的我好似重重地顶在了索尔斯科亚的背上,要怪就怪照相机的角度吧。事实上,我当时的位置很空旷,大卫·贝克汉姆标志性的传中越过了遭威廉·加拉盯防的索尔斯科亚,朝我飞了过来。

那天我本来踢左边的位置,不过还好,我在正确的时间从赛场另一边赶了过来。可以看出,我当时跳得有点儿太高了,因此不得不在半空中弓下身子。我吃球吃得很准,皮球越过了对方门将库迪奇尼的十指关,应声入网。我对自己的表现非常满意,球队也以2∶1的比分击败对手,迭戈·弗兰打进了制胜一球。

▲ 这粒进球幸运得超乎你的想象。当时对方门将布拉德·弗里德尔黄油手了,他们的后卫一脚解围又正好把球踢到了我小腿上,球就这么反弹入网了。但这粒进球意义非凡,帮助我们在2003年1月的联赛杯半决赛首回合扳平了比分,当时的对手是布莱克本,全队上下顿时如释重负。我们那天晚上的表现糟糕极了,根本都不配1∶1的平局,在我和范尼斯特鲁伊相拥庆祝进球的时候,我们脸上不仅有喜悦,也有解脱。

就进球数目来讲,我这个赛季的表现堪称最为成功——所有比赛里我总共打进了20粒进球——这其中很大一部分原因在于,大多数时候我都跟范尼联袂搭档前锋,或者在他身后。当然,他才是进攻的终端,我感觉自己也能准确地称他的心意,为他输送炮弹,同时知道他的跑位,也清楚他会在何时何地要球。作为一名攻击手,他拥有难以置信的效率,天生就是进球狂,能跟他一起踢球是种享受。对了,要是他没能打入进球,他就会坐在大巴后座上郁郁寡欢,不管我们有没有赢下比赛。然后,他会关注其他场次的比赛,举个例子来说,要是蒂埃里·亨利进了球,他就会更加闷闷不乐。范尼把亨利视作竞争对手,所以他总是想取得进球,全情投入,就连训练也不放过。我觉得中锋就应该有这种竞争态度,也希望所有的中锋都能像他们这样砥砺奋进。范尼在我心目中绝对是一名顶尖的得分手,这点是毫无疑问的。我第一次看到他训练时,惊讶得都找不着下巴了。我们那会儿在做射门练习,他完全是不遗余力。

我做过一件蠢事,惹得范尼恼羞成怒。那时我们客场对阵维拉,有人顶了个头球,皮球将进不进。为了确保进球,我来了一记铲射,后来才知道范尼原来一直就站在我身后，他已经做好准备要补射了。所以他对我很不满。赛后我向他道了歉，表示当时并没有看到他。但老实说，就算我注意到了他，我也不会袖手旁观。在比赛里，你总不能说"您先请"吧？哪怕是范尼斯特鲁伊也不行。

▼ 联赛杯半决赛第二回合，我在布莱克本的主场打入了扳平一球，这球进得要比上一回合干脆得多。我们当时需要的正是这粒进球，因为转会去了客队的安迪·科尔早先进了一球。但我还是要说，这球有一定的运气成分，因为我第一脚射门被封堵了出来，不过还好，球又回弹到了我的脚下，于是我补射攻破了布拉德·弗里德尔把守的大门。

最终我们以 3∶1 赢下了比赛，顺利进军温布利，值得一提的是，我这场比赛梅开二度，近六场比赛进了 7 球，可以算是整个生涯中最为高产的时刻。当然，从 8 岁一直到成年队，我就一直在打中锋的位置，因此我对射门很有感觉，就算后来移镇中场，我还是保持着一颗进球的心。

这时的我感觉自信心爆棚。进球实际上是副产品，因为我是跟范尼斯特鲁伊联袂坐镇锋线，因此主要的进球任务在他不在我，我的职责更多的是为他创造机会。我会试着找出对手的后防漏洞，瞄准恰当的时机地点，然后去寻找范尼。那个赛季他总共打进了 44 粒进球，甚至在赛季末尾交出了 10 场 15 球的亮眼数据。我真心觉得，我跟范尼也发展出了跟吉格斯那样的默契。在足球比赛里，这种化学反应真的非常非常珍贵。

◂ 在一座美丽壮观的球场、面对世界上最热情的球迷打进了帽子戏法——我真想不出还有什么能比在周六午餐时间谈论这个更叫人津津乐道的了——这就是做客纽卡斯尔的我当时的真实写照。2003年春,通过这场胜利,我们又向重夺联赛冠军这个目标迈出了坚实的一步。虽然比赛最终以6∶2大胜对手告终,但在比赛初始阶段,最先打破僵局的却是对方球员杰梅因·耶纳斯。还好索尔斯科亚进进了扳平一球,之后就到了我的高光时刻。索尔斯科亚进球才刚刚两分钟,我跟他来了个二过一,然后射门得分,帮助球队反超对手。过了4分钟,在韦斯·布朗和吉格斯的绝妙策动下,在禁区边缘的我抢在奥利弗·伯纳德之前,飞起一脚将皮球送入球门上角,对方门将谢伊·吉文已是鞭长莫及。又是一个4分钟之后,约翰·奥谢射门击中横梁,吉格斯拍马赶到,补射入网,打进了我们当场第四粒进球。下半场伊始,我很轻松地完成了帽子戏法。没过多久,范尼斯特鲁伊的点球将我们当场比赛进球锁定为六粒——26分钟就打进了6球,想象一下吧!肖拉·阿梅奥比最后时刻挽回颜面的进球完全掩盖不住我们那场比赛耀眼的发挥。

▾ 在完成曼联生涯的第二个帽子戏法后,我摆出了一个耀武扬威的姿势,这可并不常见。我当时面对的是曼联铁杆球迷,他们远道而来,就为了能在圣詹姆斯公园球场为我们加油助威,他们的热情真是叫人难以置信!还好,尼基·巴特正往我这儿凑,好让我头脑冷静下来。

8 重回巅峰

▲ 要是错过了这次机会的话,那我就真恨不得自杀了——当然,前提是在此之前我没被别人给杀掉。这粒进球发生在我们做客白鹿巷对阵热刺的比赛,当时下半场都过半了,场上比分仍旧是0∶0,而我们迫切需要一粒进球,在联赛仅剩两场的情况下,巩固对阿森纳的积分优势。

贝克汉姆一记美妙的传球找到了我,于是我将球做给左侧的吉格斯,自己继续往禁区里跑,等着接他的传中。球传过来的时候,我身旁一片开阔地,所以只需要把球从离门四五码的位置顶进去就好。当然,也不是说你闭上眼睛不想事就能把球打进去,只是说对方门将凯西·凯勒右侧的空当很大,顶入这粒进球并不算什么难事。

很幸运,我的处理还不错,在远端的变线处,还可以醒目地看到正在热身的昆顿·福琼,他居然兴奋得跳了起来! 看起来他挺入戏的,好像这粒头球是他顶进去的一样呢! 当然,如果你收看电视直播的话,咱们的教练也总是喜欢在队员进球后来个纵情一跃——一次都不落!

▼ 范尼斯特鲁伊似乎是在表彰我对阵热刺时的表现,从这张照片中也可以看出,别人进球他一样也会跑过来庆祝。不过,比赛接近尾声的时候,他也打入了一粒进球,给他助攻的是长途奔袭的昆顿,因此大家伙儿都很开心。

斯科尔斯和我关系很好。他总是为我输送炮弹,似乎知道我会朝哪里跑位,并且能够在关键时刻把球传给我。我也知道他会在哪里转身,也知道他会用什么方法把球传过来。他的致命传球很有一手,跟我简直就是绝配。作为一名前锋,能有这么一名好搭档简直妙不可言。他们都是可遇而不可求的。斯科尔斯人很聪明,但不复杂——你知道你能从他那儿得到些什么,不论身处场上还是场下。

——鲁德·范尼斯特鲁伊

通常在集体欢唱的时候,我会选择"滥竽充数",但在古迪逊公园球场,我却开心地唱起了那首小曲。怎么唱来着的?"我们夺回了奖杯!我们夺回了奖杯!我们夺回了奖杯!"没错,你的记忆力还挺不错嘛……三年三夺联赛冠军之后,我们去年却与冠军失之交臂,但那次失意伤我们最深。整个赛季球迷都在高唱他们想要重夺冠军,现在我们终于可以得偿所愿,纵声高歌了。

最后一场比赛对冠军的归属并没有任何影响,不过我们最终还是以2∶1的比分笑到了最后。我觉得埃弗顿球员对我们的胜利颇有微词,他们认为范尼那球不足以判罚点球。他们那天的表现也绝对够不上"友好"。那么,这有没有影响到我们庆祝时的心情呢?看过照片,你觉得呢?

▲ 在古迪逊公园球场的更衣室里,我将联赛冠军奖杯揽入怀中,脸上还沾着香槟酒呢!这天是 2002/2003 赛季的最后一天。香槟酒开瓶的时候,我最应该担心谁?老实说,都得担心,但尤其要注意尼基·巴特和罗伊·基恩。他俩是这方面的行家里手,总会出其不意地弄得你狼狈不堪。那天的更衣室简直成了疯人院,但请相信我,没人会抱怨的。

▼ 照片里的我似乎是在思考未来应该如何处理公共关系……是的,你没听错!因为在大家的印象里,我是个很在乎隐私、不喜欢抛头露面的人,这张照片也许就能蒙骗一小撮人。但事实上,我不过是坐在老特拉福德的板凳上尽量保暖罢了。有时候整场比赛(或大多数时间)都坐在场边真能把人冻死。我们的座椅没有加热功能,也没有曼城那群娇生惯养的家伙用的热水袋。老实说,我们俱乐部的大衣还算良心之作,唯一要担心的是脚。被教练从板凳上叫起替补登场,然后在结冰的球场上踢球,那滋味儿可一点儿都不好受。

　　事实上,我并不是在逃避镜头。根本就没有这个念头。我当时满脑子都在想着比赛,还有就是如果教练换上了我,我能够为球队做些什么贡献。这世上最难的事情莫过于在板凳上挨了一个来小时的冻,马上又要拉出来参加比赛了。头1分钟你还在板凳上优哉游哉,下一刻就在球场上满场飞奔,有时连喘个气都难!看来,热水袋的主意也许并不赖……

9

2003/2004

加迪夫的安慰

虽然在有些曼联球迷看来,颗粒无收的赛季绝对让人心生沮丧,但冠军荣誉并非我们的专属品,而且阿森纳在 2003/2004 赛季的表现空前绝后,居然一场比赛都没有输,我们只有为他们起立鼓掌的份儿。近些年来,他们一直都是我们竞争联赛冠军的强大对手,我也知道我们并不喜欢他们,但这一次,他们的确配得上这份荣誉。是啊,在老特拉福德,他们的确很走运,因为范尼斯特鲁伊把比赛最后阶段的那粒点球砸在了横梁上,可说到底,阿森纳阵容强大,实力均衡,拿到冠军也是实至名归。无法否认的是,我们最后竟然以 15 分之差屈居季军,这确实让人非常难受。好在联赛杯半决赛能够击败亨利、维埃拉领衔的阿森纳,多少给我们的伤口抹了些止疼剂。

在足总杯击败米尔沃尔后,我拿到了自己这个赛事的第三枚奖牌。不过遗憾的是,虽然这项赛事历史悠久、风靡一时,但这些日子以来,它的影响力日益下滑,早已没了当年的冲天名气。

▲ 对我、瑞恩·吉格斯和加里·内维尔来说，这真是个值得骄傲的时刻：2003年4月，我们三人当选英超十年最佳阵容。我们都十分珍视这项殊荣，毕竟这个最佳阵容的时间跨度是漫漫十年。当然，我们谁都没有想到，八个赛季之后，我们居然还在曼联坚守，三人的年纪加起来都超过一百岁了呢！真是令人不可思议！

    斯科尔斯绝对是我搭档过的最具天赋的球员，能成为他的队友，我觉得自己是有福气的。夸他的人可不止我一个。齐达内、哈维、维埃拉、佩蒂特、戴维斯等人都对斯科尔斯赞不绝口，他们的名气足够大了吧？过去的15年或20年时间里，我们总会在训练的时候踢传控足球，只要你们那一边有斯科尔斯坐镇，你可以尽管下注，最后获胜的肯定是你们这一队。他掌控着每一条传球线路，深谙整场训练的节奏。甚至总能知道大家在球场的哪个位置上，就好像脑袋后头还长了眼睛一样。他的球商非常高，在我看来，没有人能与之匹敌——即便有也是少之又少。

——加里·内维尔

▶ 照片中的贝隆和我看上去有些忧郁,好像我们被爵爷叫上拳击场,要以武力的方式决定谁来踢中前场的位置,但我相信爵爷是不会这么残暴的。我们当时不过是参加季前训练罢了,用拳击来锻炼我们的敏捷能力。说真的,拳击真是项令人叹为观止的运动,我是真不知道,拳手怎么就能一下子打出那么多记拳头?我只能坚持个 30 秒,顶多 1 分钟,击打的对象还只是个拳套而已,可练完以后,我整个人都累趴下了。

贝隆绝对是一名现象级的足球天才,但他 2001 年加盟曼联的时候,的确给我制造了些麻烦——有好几场比赛,我的位置都从中前场调到了左前卫。回过头来看,我觉得自己当时是有些杞人忧天了。我更应该把注意力集中在比赛上头,而不是去担心新加盟的球员。但毕竟,曼联花了 3 千万欧元买进了贝隆,我当时都以为自己要被弃用了。那会儿我恰恰又忙着跟球队续约谈判,脑海里甚至闪过离开曼联的念头。我本意并不在此,但我那时候都快二十八了,只想能够稳定地打上比赛。

真的,谁来到了球队真的不要紧。只要你踢得好,球队阵容里总有你的位置,爵爷就秉持着这个方针,绝对公平合理。最终,我在左边的位置上也斩获了进球,但我可不会留恋这个位置。我绝对倾向于中间的位置,这样我才能策动两翼的进攻。

从私交来说,贝隆很招人喜欢,我跟他很合得来,好像我跟所有来自南美洲的队员关系都很好,比如海因策、迭戈·弗兰、卡洛斯·特维斯——他们不太会说英语,我又不怎么爱说话,看来这算是我们的共同点吧!从球员的角度来讲,英国足球的风格不大合贝隆的拍,当然,有时候他在球场上也会展现出无可匹敌的实力。也许是这儿的生活方式不太适合他——反正这里的天气肯定叫他感到新奇。

◀ 我正在卡灵顿训练场上忙里偷闲地跟尼基·巴特聊天呢！他是我最好的足球伙伴，不用说，这会儿他一定是在开某个人的玩笑。巴特是我见过的最幽默风趣的家伙——有那么几次，他简直让我笑得肚子都疼了。他什么玩笑都能开，有点可惜的是，这里头大多数笑话你就是开不了口！

来到曼联的多年之前我就认识他了，我们当时在奥德汉姆一个叫作邦得里公园的球队效力，然后我们一同加入了老特拉福德的青训体系。我们关系可铁了，经常在假日的时候带上各自的女友一起出去玩儿。

尼基·巴特球员生涯的每个阶段都是佼佼者，也是我们其他人的榜样，因为他是我们这帮同龄人中，第一个在一队打出风格的球员。他的身体条件非常出色，单枪匹马跟对手一对一从来都不是问题。

1995年夏，保罗·因斯离队以后，可以想见球迷有多么焦虑不安。可爵爷知道他的帐下还有尼基·巴特这名出众的年轻球员，清楚他有能力填补因斯留下的空白。从这里就可以看出尼基有多么出众，因为保罗·因斯绝对是一名顶级的足球运动员。

当然，在尼基离开曼联以后，我们就不经常见面了，但我们还是会时常电话联系。我们还共同拥有一匹赛马，我们会永远保持这份友谊。

▼ 再次跟我的曼联老队友亨宁·博格聚首时,我们已是各为其主。这一幕发生在2003年秋,欧冠小组赛我们对阵格拉斯哥流浪者的比赛里。我来了个劈叉动作,而亨宁则在埃布罗克斯球场的草皮上"歇了歇气"——我们两人都没能控制皮球,整个晚上的情形差不多都是这样。也许你可以管它叫疯狂,因为当时的气氛的确相当火爆。毋庸置疑的是,只要是跟格拉斯哥流浪者的比赛就意味着一场硬仗。最终我们一球小胜,那球还是菲尔·内维尔开场不久后打进的——算是他铁树开花了。

▲ 还有什么能比在曼彻斯特德比中进球更爽的感觉了？我很幸运，能够在 2003 年 12 月曼城做客老特拉福德之时，向他们送来两次问候。那场比赛，我们以 3∶1 的比分击败对手。这张照片摄于比赛开始 7 分钟后，加里·内维尔飞速下右底传中，皮球在刚刚好的时间节点上找到了我，进而让我帮助球队先拔头筹。加里·内维尔传中很有一套，我要做的就只有预估皮球的飞行线路，然后赶在防守队员之前将球打进。

要想盯防一个最后时刻突然杀到禁区来的中场可是件非常困难的事。特别是在职业生涯的早期和中期，我就习惯在这个距离腾空而起，并且打入过许多进球。照片里的这个距离就刚刚好，我离对方中卫理查德·邓恩还有好几码远。作为一名中场，虽然并不会得到太多得分机会，但相比遭对手严加看防的中锋来说，大多数机会都相对更简单些。岁月不饶人，当我上了岁数以后，要想在最后时刻从中场冲刺杀入禁区就不是件容易的事了，但偶尔能够做到这一点的话，那感觉还是相当棒的。

这场比赛进展得看似还不错，在我打破僵局之后，范尼又进了一球。但接着赖特·菲利普斯（你可以在照片的背景处看到他）替曼城扳回一城。还好，凭借克莱伯森送来的传中，我再次头槌破网，打入了球队第三粒进球。那粒球也很精彩，从网窝里捞出皮球的是我英格兰队友——大卫·希曼。我攻破他把守大门的次数并不多，因此我才会格外兴奋。

◀ 这是我职业生涯中，又一粒仓促不堪的进球。这一次我接瑞恩·吉格斯的传中，用小腿将球捅进网窝，勉强击败了对方爱尔兰籍门将阿尔尼·阿拉森。这是那场比赛的第一粒进球，之后我们在主场 4∶2 获胜，顺利晋级足总杯 1/4 决赛。这个比分叫人印象深

刻,要知道,比赛大半时间里,我们都是少赛一人,因为加里·内维尔和史蒂夫·麦克马纳曼爆发冲突,被罚出场。他俩虽是英格兰队队友,但关系从来就没好过。

恐怕谁也没有料到,因为对点球判罚存在异议,加里·内维尔一头将麦克马纳曼撞倒在地,这真的不像他的为人。不过,要是曼城以为被罚下一人的我们会就此龟缩的话,那他们可就大错特错了。的确,我们是少赛一人,但如果我们认为受到了不公对待的话——裁判认为加里·内维尔在正面对抗之前就已经下脚抢断,这多少有些不合情理——对手可就有苦头吃了,比赛接下来的进程也说明了这一点。在加里·内维尔被罚下场之前,我们一球领先,之后,我们将这一优势扩大到4球,对手只在最后时刻才扳回2球。有大约一万名曼城球迷到场为他们加油助威,而我们的球迷则正好在我们的身后摇旗呐喊,因此比赛的气氛相当热烈。对我们而言,那是伟大的一天;而对曼城来说,简直形同噩梦。不过没关系,我们就喜欢这样。

▶ 在那次手忙脚乱的破门之后,要是我这副笑容再大点,估计脸都要给笑裂了! 我知道,这次攻门称不上赏心悦目,但又怎样呢? 进球就是进球,不管它是怎么进的。能打进这粒进球,我的心情跟打进了一脚30码开外的远射一样爽——没准还有过之而无不及,瞧瞧我这张得意扬扬的脸你就知道了!

9 加迪夫的安慰 137

▲ 先说好消息,在那个戏剧化的夜晚里,我们坐镇老特拉福德迎战首次来访的何塞·穆里尼奥和他治下的波尔图。时值 2004 年春,欧冠十六强赛第二回合。首回合我们以 1∶2 告负,但这场比赛刚过半小时,我就以这记甩头攻门,帮助球队扳平了总比分。为我传球的是左路的约翰·奥谢,他那个赛季在左后卫的位置上可以说是打得风生水起,这脚传中充分体现了他精湛的技术。我赶在尼基·巴特之前顶到了皮球,要是后者认为他的位置比我更好的话,一定会张口大喊的,但他似乎也意识到了,奥谢这球简直是为我量身定做的。

▶ 好了,现在说坏消息吧……在扳平总比分之后没过多久,奥谢和我又一次精妙地串联在了一起,打进了一粒漂亮的进球,但是却因"越位"而被吹掉了,电视回放显示,这绝对是个误判。当时,奥谢在禁区左边拿到皮球,假射真传,把球交给了我,我停好球,立马在第二脚触球时将皮球捅过葡萄牙门将维克托·拜亚。在我准备射门时,我确信自己没有越位,但当我回头看时,边裁居然举起了旗子。我们当时已经取得了领先,所以我确信,要是这球算数了的话,绝对会对接下来的比赛产生关键性的影响。

之后,对手在快终场前打入了绝杀进球,穆里尼奥顿时用他那招牌式的动作,在场边腾空而起、振臂高呼。那是我们第一次真正注意到他,同时也标志着他由此开始了备受瞩目的职业生涯。他那副样子真挺招人厌的,但我们也能够理解他,毕竟他太为自己的球队高兴了。

至于我们呢?绝对是伤心欲绝,因为我们在这场意义非凡的比赛中并未得偿所愿。但是,也还是得用哲学的角度看待问题。多年以来,我敢肯定,自己有些进球确实是逃过了越位的判罚,所以,虽说这次我的确不走运,但我也必须照单全收。就算放在当时,在自己受到不公正待遇这个问题上纠结根本没有任何意义。你必须学会释然,因为下一场比赛近在咫尺。我从来都没有在摄像机前表达过自己的不满。意外就那么发生了,有什么大不了呢?

◀ 2004年5月在老特拉福德对阵切尔西时,我似乎对自己在上半场结束前10分钟就被替换下场并不开心。但我必须安慰自己,爵爷这么做自有他的道理。原来,因为一些小动作,我吃到了黄牌,要是再吃一张牌,我就会错过两周后的足总杯决赛。因此,这张郁郁寡欢的脸一方面是因为我觉得自己愚不可及,另一方面也对自己的表现感到失望。

　　当然啦,比赛还有那么长的时间,而我就这么离场,多少还是让人难以接受。但是,还有我们的爵爷调兵遣将。我是否会与他辩论一番呢?不会。有些人会这么干,但绝不会是我。我要理智得多!

◀ 从某种程度来说,这记进球是我的复仇。2003/2004赛季,阿森纳不仅拿下了联赛冠军,居然还保持着不败金身。对此,我们只能退居幕后,为他们精彩绝伦的成就起立鼓掌。但老实说,我们其实是心如刀绞。所以在维拉公园球场里,我们能在足总杯半决赛以1∶0的比分击败他们,那感觉真是分外甜蜜!

　　这脚球进得也漂亮。加里·内维尔找到右路的吉格斯时——只有老天知道他为什么会出现在那儿——我正从中场赶来,咆哮着要球。吉格斯给我传来了美妙的一球,我都没停下奔跑的步伐,直接迎出右脚,在离门约20码的位置将球打进。我当时没有特意瞄准球门某个位置,把注意力都集中在击球上头,尽可能地铆足全力而又干净利索地完成射门。球的飞行路线多多少少欺骗了对方门将莱曼,导致他扑错了方向,皮球在他原先站立的位置应声入网。

　　同时,我们还要感谢本方门将罗伊·卡罗尔,他在比赛开始阶段接连做出了一系列令人不可思议的扑救;当然,还要感谢达伦·弗莱彻,年纪轻轻的他在中场位置踢得尤其

老练成熟,没让令人敬畏的帕特里克·维埃拉占到半点便宜。

在这里,我还要对其他两支参与半决赛的球队(米尔沃尔和桑德兰)致以敬意,在伯明翰那个阳光明媚的下午,我们的确感觉,足总杯冠军似乎已经近在眼前。因为老实说,这两支球队跟我们不在一条水平线上。当然,他们也的确有可能打败我们,但我们知道,在击败了阿森纳之后,我们最终收获奖杯的希望也越来越大。

对于踢中场的我来说,保罗·斯科尔斯就是最好的老师。当人们问我遇到过最强大的对手是谁时,我总会回答是训练场上的保罗。和他对抗让我获益匪浅,因为他那惊人的能力总能让我找到努力的方向。他从不会丢球,总会给你来个穿裆过人,戏耍你,让你觉得自己就像是个傻瓜,他的传球视野也非常出众,还有他的停球和意识,总之全都是最一流的。看到斯科尔斯,你就不免暗自内省,意识到自己还有很长一段路要走,因为他实在是太伟大了!

——达伦·弗莱彻

▼ 对于我遇见过的所有球员,他们给我的印象几乎都是本性善良的人,但丹尼斯·怀斯绝对是个例外。瞧瞧2004年我们在足总杯决赛对阵米尔沃尔的这张照片,再看看我俩纠缠在一起的样子,你就懂了。

在我看来,他很多时候都会用犯规的办法激怒对手,甚至想去阅读人心。这方法对其他对手来说也许能够奏效,但要想在我们身上故技重施可就是浪费时间了。

在职业生涯的巅峰期,怀斯也曾是个才华横溢的球员,传接球俱佳,任意球也不错,还能射门得分。他本可以好好踢比赛的,但他踢球的态度实在让我不敢苟同。

在加迪夫相遇时,他已经过了自己的巅峰期,米尔沃尔也没给我们创造太多威胁,最终我们3∶0轻松取胜。

▲ 吉格斯总会抓住机会，炫耀炫耀他胸前茂密的"植被"，而我则会更注意礼节，仍旧球衣不离身。哪怕是在 2004 年足总杯决赛击败米尔沃尔之后，我们在加迪夫千年球场欢庆冠军的时候，我也要保持矜持。在重大比赛过后，我们的常驻摄影师约翰·彼得斯总会东拍拍、西拍拍，确保每个人都有一张不错的手捧奖杯的照片。我们当然希望能够年年包揽联赛冠军，但这是不现实的，而这座历史悠久的足总杯冠军奖杯也不失为一种慰藉。

▼ 穿上休闲装的我可比在正式场合穿晚礼服舒服多了,好在那种场合并不多——可能一年就那么两三回吧——所以我也没什么好抱怨的。毕竟,我妻子克莱儿来到了我身边,她喜欢穿衣打扮,所以我下点功夫也没什么不妥,特别是每次都有很好的理由支持我们这么做。曼联非常支持联合国儿童基金会的工作,这个基金会为发展中国家的儿童和母亲做出了数不清的贡献,如果我能为此尽一点绵薄之力——比如捐出什么东西来供人拍卖,或者买些什么东西的话——那我绝对是义不容辞的。除此之外,那天晚上十分美妙,照片里的这个蝶形领结后来好像让我给拿掉了。

10

英格兰队
2002—2004

一个痛苦的决定

要是我的国家队生涯下半程能像上半程一样进展顺利的话,做出离开的决定就会显得更加艰难了吧? 2004年夏天,打完葡萄牙的欧锦赛以后,我做出了这个痛苦的决定。

在本章末尾,我会解释为什么我要在为国家队征战66场之后,早早地在29岁选择在国家队挂靴。但在这里,我还是想说一句,有些所谓的专家认为,我之所以退出国家队,是因为对斯文-戈兰·埃里克森的排兵布阵感到不满。他们完全没有说到点子上。我想澄清的是,我这么做并不是要将祖国拒之门外,也不是与主教练意见相左——这个决定跟我自己关系更大。

在训练的时候,我总是喜欢跟菲尔·内维尔一起跳这支"集体舞",因为他的舞步曼妙婀娜,但是出于某些原因,照片里其他伙计们似乎没多大注意我们。菲尔跳起舞来有模有样,绝对是天生的,尤其是喝过一两杯粉红香槟酒之后。而我就不同了。通常,我得喝个酩酊大醉才有可能站起身来,亦步亦趋地踏入舞池。不然让菲尔教教我呢?嗨,还是算了吧……

保罗是言过其实了,我并不热衷于跳舞,但是喝过一点儿粉红香槟后就的确不一样了。至于教他跳舞嘛,那是绝不可能的,但有一点我可以担保,我的节奏感确实比保罗要好一点儿。

——菲尔·内维尔

▼ 要是我说我和贝克汉姆从来都没请过同一个发型师，相信没人会感到惊讶。照片中的这个可以说是他最花哨的发型了——事实上，我都不能百分百肯定，究竟身前这位是大卫·贝克汉姆还是罗比·萨维奇了。小贝的发型总能叫人目瞪口呆，似乎他每周都会换一个新花样。我觉得倒挺好玩的，因为永远都不知道他下一个发型会是什么样的，这还真有趣。他脱下帽子"揭晓谜底"的时候最是激动人心。简直就像大幕开启，一幅精美的艺术品映入眼帘——反正就像是这么一回事！其他的伙计是不是也喜欢这样拿他开涮呢？没准头几次大家还笑个前仰后合，之后就都见怪不怪了。

　　我必须承认一点，我绝对没有想过要仿效他。我的头发从来没有蓄过那么长，从没想过要打发胶，也从来没有想过要去整个什么发型。现在也丝毫未变，真是显而易见的！有人说我应该多关注些时尚潮流，至少应该多修修边幅。但我依旧不为所动，毕竟，现在要改也晚了。

◀ 齐达内是我见过的数一数二的世界级球星。照片里面,我正试着跟上他的脚步。这一幕发生在2004年的欧锦赛揭幕战我们对阵法国队的比赛中,地点在里斯本,比赛结果是英格兰1∶2告负,齐达内在补时阶段包揽了法国队的全部两粒进球。

近些年来,齐达内曾说过我好几句好话。我都有些不好意思重复他的恭维之辞了,不过他曾称我为"完美中场",是他的"劲敌",说实话,这些赞美叫我愧不敢当。换句话来说,像他这种级别的天皇巨星能够评价评价我就已经十分难得了,而这位球场大师居然会毫不吝惜褒奖之辞,真是让我觉得不可思议!看齐达内踢球,犹如欣赏灵动的诗篇。他技术精湛,视野开阔,进球美妙……表现让人肃然起敬。在他职业生涯的巅峰期,他包揽了包括世界杯冠军、欧冠冠军在内大大小小的各大赛事锦标,毫无疑问,他的确是这个星球上最完美的足球运动员。

◀ 这里我得直言不讳了,在2004年葡萄牙欧锦赛上,我并不满意自己的表现,就算是在次战球队以3∶0战胜瑞士的比赛里,依旧如此。所以,到了第三场对阵克罗地亚时,打进一球后的我简直感到如释重负。要知道,我的国家队进球荒已经持续30场了,因此,这粒进球胜过了千言和万语。作为一名中前卫,我本应做得更好,虽然人们也会好心地劝我说,我在其他方面也有卓越贡献,但我实在是开心不起来。我总是实话实说。我是一名完美主义者,对自己要求十分严厉,以往如此,未来也会如此。因此,有一点我不能否认,之所以做出突然告别国家队的决定,有一部分原因就在于我欠佳的表现。

这不过是一记稍显凌乱的头球破门罢了,为我助攻的是韦恩·鲁尼,不过这球帮助球队1∶1追平比分,最终英格兰4∶2获胜,得以晋级1/4决赛迎战东道主葡萄牙。这是我在英格兰队的最后一粒进球,也是我倒数第二次为国征战。

▼ 快到我在国家队的绝唱时间了,但很遗憾,最终这次绝唱也演砸了,因为在 2004 年欧锦赛里,我们在里斯本点球大战中告负,输给了葡萄牙。倒地不起的是大卫·贝克汉姆,他伤心欲绝,没人可以安慰他。而我虽还能勉强站直身子,但显然也是郁郁寡欢。

◀ 到了该解释解释的时间了,谈一谈我为什么会选择在 2004 年结束国家队征途,做出了职业生涯中最富争议性的决定。当时,很多人说是因为我对主教练埃里克森有意见,因为他把我安插在左路,而不是我擅长的中前场。事实上,这个说法离真相差得有十万八千里之远。毕竟,我在曼联也踢过左路,效果也挺不错。

让我来强调一下我眼中的埃里克森吧。他向来都是悠闲从容,这种情绪也传递给了我们全队。他话不多,也不需要多说。因为他的执教理念并不复杂,仅仅是告诉我们应当在 4-4-2 的阵型中恪守职责罢了。从为人处事的角度来说,他把我们都当作成年人来看待。要是你想在比赛头天晚上喝杯红酒的话,没关系,他不会管你。而我始终觉得,他在英格兰队干得不错,把我们一路带进了世界杯 1/4 决赛,恐怕的确反映出了我们当时的真实水准。总的说来,他的确是个信任球员的好人,并且捍卫着赏心悦目的足球风格。

事实上,我之所以在 29 岁做出告别国家队的决定,原因极其简单——我从来都不喜欢离开家庭、告别家人数星期之久的感觉。每当英格兰队出远征时,头三四天我还勉强受得了,但之后我便会闷闷不乐,思念妻儿孩子。

人各有志,这种感受其他人不见得有,但我着实是个恋家的人。虽然这么说多少有些离经叛道,但每当英格兰遭淘汰出局,我总是第一个准备好打道回府的人。当然,我也并不是有意冒犯那些攒下积蓄、远渡重洋来观看英格兰队比赛的球迷。只是,带着思家情结,我从未享受过足球的快乐,因此,我也绝对达不到自己的最佳状态。结果,我的竞技表现和所有贡献都远未达标。显然,对任何人来说,这样的状态都是站不住脚的,因此我选择结束国家队征途。第二个原因是我对英格兰阵中某些球员颇感失望,我觉得他们的态度里透着自私。如同所有的曼联人一样,我想成为英格兰队的一分子,但似乎有太多太多人来英格兰队只是为了一己私利,把国家队当成实现他们个人抱负的工具。我觉得,他们并不在乎国家队,只是利用国家队来博人眼球,也许是想奇货可居,加入一家更好的俱乐部。这着实叫我心灰意冷。

我自己做出了告别国家队的决定,然后告知了弗格森爵士,是他开导我遵从内心。我并没有像其他人说的那样,想通过告别英格兰队来延长我的俱乐部生涯。跟埃里克森沟通后,他认为我疯了,居然要在这么年轻的年纪就告别国家队,可他没有阻止我。对我来说,真有种如释重负的感觉。

未来,当我展望夏日时光的时候,就不会再受到心中积蕴已久的阴影影响。我为家庭和我自己做出了一个正确的决定,由此以后,也从未后悔过。

是的，史蒂夫·麦克拉伦邀我再度出山的时候，我也曾犹豫过，但一想到整个夏天又要离家远去，我还是拒绝了。到了2010年，先是斯图尔特·皮尔斯，接着是法比奥·卡佩罗的助教弗朗哥·巴尔迪尼找到了我，问我愿不愿意加入南非世界杯大名单。我心想，考虑到我这把年纪，也许进球的压力不会像从前那样沉重了，因此我又一次在心中苦苦寻思，可依旧做出了同样的决定。我想，如果当初卡佩罗亲自给我打电话的话，我也许会动心——总之曼联的主教练是不会把这个任务委派给助教的——但老实说，即便他亲自出马，我也不一定会改变初心。不管怎么说，他们只给了我一天时间考虑，这显然不够。在家里收看世界杯的时候，即便我曾有过一丝后悔之意，这层悔意也并未在我心中盘旋萦绕。事情都过去了，有如覆水难收。我能挺过去的。

想到自己也许要取代某个在预选赛中征战四方的伙计，我就觉得很不舒服。抛开这层情愫不说，我也考虑到了自己的家庭——是他们最终促成了我的决定。

2012年欧锦赛的时候，我再次面对同样尴尬的境地，虽然这里面有媒体的炒作，但实际上英格兰足协方面并未找过我。要是他们找我的话，也许我会更加严肃地思考这个问题，也许加里·内维尔的入选能够让我做出不同的决定。但即便如此，我还是会有75%的可能说"不"。

在我看来，保罗过早地结束了国家队征程，但他是个顾家的人，你必须尊重这一点。和他共事总是叫人心情愉悦，他有教养，有礼貌，还十分安静。我跟他相处没有任何问题。从球员的角度来说，他算是和我共事过的最佳球员之一。要是能够在他16岁，也就是职业生涯刚刚发轫的时候就能将他招致麾下就好了。他表现出众，技术精湛，头脑十分聪明。不论是从5码还是55码，他都能传出一脚好球。他能够串联起其他队员，射术不俗，擅长进球得分。

如果11人的阵容里有保罗的话，我就很满足了。我会告诉其他10个人，把球交给保罗就好，球队这样准能表现优异。

——斯文－戈兰·埃里克森

11

2004/2005，2005/2006

跌宕起伏

从埃弗顿转投老特拉福德的韦恩·鲁尼与球队磨合得相当出色，克里斯蒂亚诺·罗纳尔多也开始展现出未来超级巨星的潜质，对曼联来说，即便我们无力阻止何塞·穆里尼奥治下的切尔西夺得联赛两连冠，但2004/2005和2005/2006赛季却是一段充满期望的转型期。

2004/2005赛季，我们滑落至积分榜第三位，并且没能在足总杯赛场寻得安慰。在加迪夫千年球场，我罚失了点球，将足总杯冠军拱手交给了阿森纳，在比赛常规时间内，我们的表现其实是优于对手的。一个赛季之后，我们长进了些，收获了联赛亚军，虽然罗伊·基恩的离去势必带来巨大的影响，但我再次开始坚信，球队回到争冠的队列中来了。与往常赛季相比，我的进球数大打折扣，有一部分是因为我的眼睛出现了些状况，因此不得不高挂了4个月的免战牌。好在赛季结束以后，我的健康问题解决了，对下一个赛季也开始跃跃欲试。

◀ 2004年曼联输给阿森纳的这场社区盾比赛里,我在照片中的确显得有些筋疲力尽,不过这脚射门看起来还不错,我也没发福——看来夏季休赛的时候我保养得还挺好,头发也还是一如既往的金黄色。或许,这才是一个即将迎来30岁生日、对接下来漫长的赛季有所展望的男人该有的模样。

▲ "要是你不把任意球的机会让给我的话,我可要拿走皮球回家啦!"不过真实情况并没有这么戏剧化,但我的确对这次有利于切尔西的判罚颇感不满。这一幕发生在2004/2005赛季的揭幕战。毫无疑问,我当时情绪很糟,因为我们当时踢得很好,完全能够赢下比赛,可还是因为古德约翰逊那粒幸运的进球而抱憾落败。

▼ 尼基·巴特于2004年夏转会纽卡斯尔后,我们俩第一次兵戎相见还真叫人心生别扭。我和他相识多年,对他的比赛风格简直了若指掌。因此,我还是很难接受,在11月曼联做客圣詹姆斯公园球场时,他居然成了我们的对手。

赛前,因为这种尴尬的情形,我俩相视而笑,但到了场上,彼此就不再为此困惑了。真正到了比赛,你就必须接受一点,你们之间不应再有什么友谊可言了。整场比赛中,我恪尽职守,紧盯尼基·巴特,因为他的抢断能力出众,各项技术十分全面,稍不留神,我就有可能让他戏耍。好在最后,我俩并未发生严重冲突,最终曼联3∶1获胜,所以,是我笑到了最后。

当尼基离开曼联的时候,我心里是很难受的,因为我俩在一起踢了很久很久的球了,可曼联毕竟是一家大俱乐部,人们在此来来去去,天下也无不散之筵席,你一定要学会去接受它。而且,不管一名球员曾经多么优秀,最终他都会被新人所取代。尼基决意要去一家能踢上更多比赛的俱乐部,所以才会告别老特拉福德,我尊重他的决定。

▼ 我觉得在记者招待会上，主教练的首要目的就在于向某人施压，受害者在通常情况下会是某位记者或另一家俱乐部的教练。只是，在极其个别的情况下，那个人会是某个他帐下的球员，这次，倒霉的家伙成了我。我并不喜欢面对媒体，但俱乐部必须在欧冠比赛前选出一名球员同球队教练一起经受这场"洗礼"，所以我只能硬着头皮挺一挺了。要记住，如果你想学习如何跟媒体打交道的话，亚历克斯·弗格森爵士绝对是老师的不二人选。

爵爷的确要负责回答问题，但我敢肯定，他事先早就计划好要说些什么了。当我和他还在等着新闻发布会召开时，他显然已经准备好应对一场激辩了。有时，他甚至会说一声"看这里"，然后你就能好好休息，欣赏"公关大师"的美妙表现了。不管谈论的是什么问题，他总能应付自如。当然，他执掌着球队的上上下下，多年以来始终如一，你大可以说他是一名终极的掌控狂人。他是个言必信行必果的人，也正是因此才会载誉无数。至于和媒体打交道的本领，他完全可以写一本书了，对他来说这也绝不是什么难事。曼联是充满了传奇故事的地方，他置身于此，却又对这些传奇看得云淡风轻。媒体在他面前根本变不出什么新戏法。他永远都对一切了若指掌，做好了所有的准备。我相信他以后也会延续这样的风格。

▲ 要是你正经历一次进球荒——相信我,这可不是闹着玩儿的——那么我猜,能像照片里的这样破荒一定不赖。当时是 2004 年 11 月,我们在主场迎战查尔顿,此前,我一直找不到破门的感觉。更糟糕的是,我对自己整个赛季的发挥并不满意。也许,这就是个恶性循环,因为缺少进球,我的自信心也在承受打击。我知道,破门得分并不能说明一切,但在我看来,我有责任用进球的方式来为球队贡献力量。没有了宝贵的进球,我比以往任何时候都更步履维艰,并且开始跟媒体愈发地纠缠不清,这也难怪。

眼看救赎机会近在眼前。我游弋在查尔顿后场,达伦·弗莱彻从右路传中,球的飞行轨迹非常适合来脚凌空打门。于是我不费吹灰之力就接住了皮球,幸运地将其送入对方门将迪恩·基恩把守的大门里头,帮助球队 2∶0 锁定胜局。要是能进一脚中规中矩的进球,我也会很高兴,也会产生一种如释重负的感觉,但以这么一脚华丽的进球破荒,那感觉还是倍儿棒。为弗莱彻干杯!

▼ 打破进球荒之后,和吉格斯一同欢庆的我,脸上写满了释然和解脱。如果有人跟我一样,也经历着进球荒这个梦魇的话,其他队员多少也会察觉出来,并且焦急地希望你能涅槃重生。显然吉格斯就十分为我高兴。所有人铁板一块才是一支球队的精髓所在,吉格斯就是这么以身作则的。也许他可能在想,"该死的球荒终于结束了!"我也不会怪罪他的。

我会不会觉得要是再不能打破进球荒的话,自己就会遭曼联弃用呢?不会的,因为爵爷一直在调派我出战。他对我始终保持信心。即便是随球队一起出征的时候,我都在想,今天的我会不会出现在赛场上?可爵爷依旧对我青睐有加,最后我的状态也的确恢复了。

就斯科尔斯的能力来说,打破进球荒只是时间问题。我确信,只要他进了一个,就会接连不断地打入更多球——事实也正是如此。在那种情形下,你有些担忧,有些紧张是再正常不过的了。所有的方法你都试了个遍——比如换双新球鞋啦,换个比赛习惯啦,凡此种种——但最终你都得对自己的能力有信心。

——瑞恩·吉格斯

▼ 进球荒之后是进球盛宴。几个月来都没能破门的我终于除去心头阴霾,在对阵查尔顿的比赛里破了荒,之后,我进球的势头一发而不可收拾了——7场比赛连进7球。

11月在山楂树球场对阵西布罗姆维奇时,我们3∶0击败对手,当场比赛我梅开二度,照片是第一脚射门得分的瞬间。这粒进球绝对堪称我命运的转折点。我当时正带球前进,刚到射门范围的时候,皮球的位置非常好,于是我飞起一脚,将皮球打入大门死角。如果换做是头几场比赛,我很可能会在关键时刻掉链子,把皮球打向角旗杆。从我身旁跑过的罗伊·基恩满脸狐疑,他心里大概七上八下的。

压力已经释放了个干净,我在赛前并没有感觉紧张,一切顺其自然。

▲ 只要是韦恩·鲁尼能做的,我也能……好吧,我的确是在开玩笑。鲁尼在2011年2月主场对阵曼城的比赛中上演了一记精彩绝伦的倒挂金钩,而我觉得照片里的我,跳得就根本没有他那次高——差的还不是一尺两尺呢!还有一处不同,他那次射门进了球,而我却记不起六个赛季之前,主场迎战水晶宫的时候,我这脚射门最终有何斩获,只知道没进球。

我并未刻意练过倒钩射门。这项技术要求很高,如果有人精于此道的话,总会有人尝试在适当的位置给他们助攻。当球朝你飞过来的时候,你必须在电光火石之间做出决定,而且没有别的办法能够触碰到皮球。有人告诉我说丹尼斯·劳就很擅长倒钩射门,但在我那个年代,马克·休斯绝对是这门技艺的佼佼者,他打入过许多令人瞠目结舌的倒钩进球。至于我嘛,自读书以来,就没有用这种方式破门过。在5∶2赢下水晶宫的比赛里,我确实打进了两粒进球,但很遗憾,都不是什么叫人拍案叫绝的进球。

▲ 这记狮子甩头得益于 C 罗精妙无比的传中，帮助球队在 2005 年足总杯半决赛上两球领先纽卡斯尔，比赛场地在加迪夫千年球场。这粒进球来自于半场末尾，对我们的对手来说，绝对是一大打击。

半决赛一般都很激烈，但最后看来，这一场比赛我们赢得还算轻松，范尼斯特鲁伊梅开二度，C 罗锦上添花，我们最终 4 : 1 大胜对手。我的老队友尼基·巴特又输了，我为他感到遗憾，但估计起不到什么安慰作用，因为每当他踏上绿茵场的时候，总会求胜心切。

▼ 训练也并非严肃得不苟言笑。照片中的我们就在笑个不停。当然,我们明白竞技业业的重要性,但足球也必须带来快乐。这里,肯定发生了什么事情把我给逗乐了,瞧我乐不可支的样子,简直都快摔倒了!而罗伊·基恩看起来要比韦斯·布朗更有幽默感。是什么引来了这一阵哄笑?想必是韦恩·鲁尼,他总喜欢来些无厘头的举动,恐怕是从尼基·巴特那里得到了真传。

　　罗伊在训练场上态度极其认真,不过也能在其他队员身上发掘出好笑好玩的地方。作为队长,他更像是我们的领袖,知道偶尔开开玩笑有利于构建团队精神。那韦斯·布朗呢?要说他喜欢训练可就言过其实了,但你总能肯定一点,到了比赛日他绝对会全力以赴。他的性格就很好,既是曼彻斯特本地人,也是一名出色的后卫,在许许多多骇人听闻的伤病面前还保持着昂扬的斗志。希望他在桑德兰一切都好。

▼ 2005年5月足总杯决赛对阵阿森纳的时候,我正从年轻的法布雷加斯盯防下转身,他那会儿才18岁出头。显然,那个时候的他就已经成了一名出众的球员,但老实说来,我当时并不觉得他能够成长到今天这个地步。阿尔塞纳·温格就不同了,他天天看着小法长大,知道他天赋异禀,事后也证明了他的确慧眼识珠。

　　换而言之,当时那场比赛他的作用并不大,我们本应轻松取胜。90分钟内,他们只有招架之功,毫无还手之力,接着在加时赛里,他们疲于奔命,而我们却在接连制造机会,无奈始终破门乏术。范尼斯特鲁伊的必进球居然狠狠地砸在了横梁上,我也错失了几次机会,纵使是现在,这些画面也一直在我脑海里挥之不去。我实在是纳闷,当初怎么就没能拿下比赛。

▲ 最后，没能把足总杯冠军奖杯带回老特拉福德是我的过错。加迪夫千年球场那天共有十人站上罚球点，只有一个人罚丢了点球——对，是我！虽然在上个赛季社区盾对阵阿森纳的点球大战里，我的确把球罚了进去，但点球绝对谈不上是我的强项。这一次，在范尼斯特鲁伊开了个好头之后，我第二个出场罚球。老实说，我并没有费多大劲儿。莱曼看出了我射门的方向，皮球的高度又刚好能够让他做出轻松扑救，就这样，他扑向了自己的右侧……

不过，比赛还未结束，而我则在祈祷着阿森纳也会罚丢一粒点球，但最终事与愿违。等帕特里克·维埃拉罚进制胜一球后，我整个人都崩溃了。而且，要是我们整场比赛叫对手压制，那感觉还两说，但事实却是，发挥更好的应该是我们才对，我的心情因此很糟糕。看着阿森纳上下欢呼雀跃，我心如刀绞，到了现在都不禁让我唏嘘。

当时我的妻子和孩子也在场，我不知道她们会怎么想——或许认为爵爷不应该信任我，让我去罚点球。而事实却是，当时我被问到想不想操刀主罚，我还给了个肯定的回答。唉，往事不堪回首！

我感觉，我让全队失望了。我不知道其他人有没有责备过我，也只有他们心里知道。但我是不会在类似情况下怪罪任何人的。我会觉得，至少他敢于站到罚球点上。但同时，我又会问自己，难道我就没有这份胆量吗？我知道，至此之后，爵爷恐怕再也不会让我去罚点球了，这点我能理解。

可抛开加迪夫的这次苦痛不说，我的确认为，倘若120分钟过后，双方比分依旧胶着，那么点球大战不失为解决战斗的最佳选择。因为它激情四溢，富有戏剧效果，只要我不参与其中，我总会很享受观看它的感觉。在以前，一场平局可能会导致四五场重赛，这样实在叫人审美疲劳，球迷付出的代价也会因此水涨船高。所以，能够快刀斩乱麻，你应该感到庆幸才对。

◀ 未来是光明的,未来是属于红魔的。2005年8月,能跟曼联首席执行官大卫·吉尔坐在一起,签署我的续约合同,我是高兴得不能再高兴了。这样一来,我跟曼联的缘分就延续到了2009年,在此之后,我又签了一份为期一年的合同。

我总是希望在老特拉福德找到一种安全感,因为我一点儿都不想离开曼联。要是俱乐部想卖掉我,我也只能悉心接受,但到时候绝对会感到伤心欲绝。

我当时都快31岁了,所以曼联方面也是做出了一个巨大的承诺,毕竟你说不清,在我职业生涯的暮年,究竟还有多少余勇可供沙场搏杀?换而言之,他们知道我会悉心照料自己的身体,因为他们知道我的性格,爵爷显然也估计我能够在三十好几的年纪依旧保持着良好的状态。我希望自己没叫他看走眼。

我和大卫·吉尔的关系一直很好,他是个很棒的人,公平正直,直言不讳。同时,他也很懂足球,这点很重要。他的儿子奥利维也开始在曼联崭露头角,在场上可以踢中后卫或左后卫的位置。奥利维跟他爸爸一样高大,我希望用不了多久,他就能够跻身一队。奥利维是个优秀的球员,肯定能够把握住机会的。

▶ 2005年9月,在对阵比利亚雷亚尔的这场0∶0闷平比赛里,我正与曼联前队友迭戈·弗兰争夺皮球。这次较量势均力敌,因为他表现得也非常好。迭戈在曼联并未达到自己的巅峰状态,当然,他在对阵利物浦时打进的制胜两球、屡次洞穿切尔西大门以及迎战女王公园巡游者时那记惊天远射都将让他队史留名。所以他的曼联生涯并不算糟,但你事先绝对想不出,远走西班牙的他竟然表现得异常精彩。

我认为,英国的生活方式,尤其是这儿的天气水土似乎跟迭戈不大合拍。如同不少远涉重洋来到这片土地的南美球员一样,他也无时无刻不在思念着拉丁文化。你很少能够看到他们在英格兰闯出名堂或者在这里久驻,当然啦,我希望咱们队内的巴西人——安德森和达·席尔瓦兄弟（拉斐尔和法比奥）——能够摆脱这个魔咒。

迭戈是个很好的人，从来不会怨天尤人，总是竭尽全力地想在老特拉福德闯出一片天地，但显然，他独缺地利这一环。我们都知道他球技高超，但说实话，他离开曼联后那有如神助的表现的确让我们所有人都大吃一惊。他甚至还两度荣膺欧洲金靴奖，第一次是在比利亚雷亚尔，第二次则是在马德里竞技，甚至在 2010 年世界杯中还当选了赛事最佳球员。哇，这可都是些了不起的成就！

在这场比赛中，我少有地成为了球队队长——如果你观察仔细的话，就能注意到我臂膀上的队长袖标，它多少有些和迭戈身上的球衣混杂在了一起——但我并不喜欢这个角色，稍后我会解释的。

11 跌宕起伏 **167**

▲ "听我一言!"2005年10月对阵富勒姆时,比赛进行到83分钟,在准备替换范尼斯特鲁伊出场前,爵爷正对我面授机宜。在这么晚的时间上场比赛是一种怎样的感觉呢?好吧,如果球队快输球了,你肩上倒没什么压力,但当时我们在克拉文农场球场3∶2领先,而我的任务在于尽可能地控球,直至比赛结束,所以我内心不可避免地感到紧张。

到了这个地步,爵爷不会向你大通说教。他只会言简意赅地切中要点,说些"控好皮球",或者"来脚进球"(当然,这句话出现在其他场合里)这样的话。作为一名替补球员,你必须时刻准备好应对各种各样的状况,但是当人们漫不经心地吩咐你给比赛提提速时,通常都是说起来容易,做起来难,毕竟,你差不多一下午都在焐热板凳呢!

有时你能像"超级替补"那样出奇制胜——索尔斯科亚就精于此道。每当到了召唤他上场的时候,他总能立马准备妥当,并且打入过许许多多替补进球。但我就不同了,即使在场边有过热身,但到了全速奔跑的时候,连5分钟平稳的气息都很难保持,接着就有麻烦了。到了这种情况,一切都会按照事先计划按部就班地展开。只要比分没有改变,我们拿到了分数,就算完成任务了。

▼ 图中,我正经受利物浦球迷漫无边际的言语攻击。每当曼联做客安菲尔德球场时,这些都是意料之中的戏码。不过我没有受到丝毫影响。首先,你很难听清某个人对你的评头论足,因为你的注意力全都集中在比赛上头,而随着比赛渐趋激烈,你会对周遭的噪音充耳不闻。其次,既然知道利物浦球迷一向不喜欢曼联,因此大多数默西赛德郡的人对我来说,都算是"好脾气"的了。他们都是古板又机智的家伙,"带刺的幽默"最能形容他们,即便他们是在攻击我们,但听着他们连笑都要一起笑还真叫我感到非常有趣。

在利物浦,我觉得刚才所说的"言语攻击"也并没有恶意。我相信他们能理解什么是华丽足球,并且能够领会曼联这么多年来所取得的成就。他们或许会讨厌我们,但我觉得这里头也有对曼联斐然成绩的敬意。我并没有在安菲尔德经历过真正意义上的粗鲁对待,总之肯定是赶不上埃兰路球场的那种架势。

不论球迷持怎样的态度,曼联都不会被不友善的言论震慑到。不管我们做客何方,我们心中考虑的从来都是迎战的对手,而不是他们的球迷。

◀ 我这是在打喷嚏——不是打哈欠！——时值 2005 年节礼日①，我们在主场迎战西布罗姆维奇。我有哮喘病，因此，天气转冷的时候我总会气喘吁吁，不过病情并不重，用过吸入器之后，我能很快地恢复过来。之所以双手缩进腋下，是因为不管气温低至多少度，我绝不会在比赛中戴手套。我不介意在其他人瞧不见我的时候，偷偷地在训练时戴，但到了比赛时就绝对不会戴。因为要不是这样的话，人们就会误会。可毕竟，冬天也是要踢球的。我有没有想过穿紧身衣裤呢？噢！你觉得呢？

这天离我们在伯明翰的比赛仅有两天时间，我的第一感觉是我的眼睛出了些状况，也正因此，我错过了半个赛季的比赛。比赛开场前，在圣安德鲁斯球场的更衣室里，我就察觉到了些不对劲儿，当时我的确有些偏头痛，心想自己看来是疾病缠身了。但当我的队友朝我的方向掷来皮球时，我居然看到三个皮球飞过来。原来我的左眼有一处血凝块爆裂了，医生说我的视力恐怕不能完全恢复了。但我一直乐观地认为自己能够挺过去，真的，我做到了。

▶ 又是一年赛季时，又是一段进球荒。2005 年 12 月的这个雨夜，我接瑞恩·吉格斯的角球，将皮球顶进了朴次茅斯的网窝，自 5 月开始的进球荒至此画上了句点。只是这次，我当初都开始怀疑自己再也不能命中目标了。甚至比我前一次进球荒感觉还要糟，因为这一次球队没有赢得任何冠军头衔——主要原因就是进球太少。我的状态起起伏伏，上场次数也大不如前，在中场位置对球队的贡献也不大，这段日子真的很不好受。

① 圣诞节后的第一个工作日。

现在，我终于打破了进球鸭蛋，老实说，老特拉福德湿滑的场地条件帮了我一个大忙。在碰触到皮球时，我离门大致 10 码的样子，皮球诡异地在湿滑的草地上反弹了一下，直奔无人看防的球门右上角。或许，朴次茅斯的门将杰米·阿什当觉得，当时能有个队员把守门线就好了，但我倒无所谓。反正重新进球后，我心里的石头总算是落了地。后来，在比赛渐入尾声的时候，范尼斯特鲁伊和鲁尼双双进球，将比分锁定为 3∶0，我的心情甚至比方才破荒还开心。

▼ 这算是我打入过的最狼狈的进球了——类似这种进球还真不少！当时加里·内维尔送来一记传中，皮球在我面前弹了一下，而我甚至都没办法伸脚触球——因为拿不定主意该用左脚还是右脚。于是，我索性用胫骨将球撞入门线，接着羞涩地转身庆祝。这粒进球似乎尤为重要，因为我们必须在光明球场击败本菲卡，才能确保进入 2005/2006 赛季欧冠淘汰赛阶段，正是这粒进球率先打破了僵局。不过让人遗憾的是，我们最终 1∶2 告负，至此告别了 12 月的欧冠征程，比我们设想的要早了 5 个月。

当然，这脚球处理得很别扭，而且回首再看，我必须承认，自己的确感到了些许尴尬。但说到底，不论任何时刻，我都愿意打入各式各样的进球。三个赛季后对阵 AC 米兰，我甚至进了个更加蹩脚的球，那时候球居然打在了我的支撑腿上，就那么过了门线，不过球进了就是进了。的确不好看——可又能怎么样呢？

◀ 那粒蹩脚的进球过后,约翰·奥谢是第一个跑来跟我庆祝的人,看到皮球越过茫然无措的本菲卡门将,他一定有满脑子的问题要问:"到底怎么一回事?你到底是怎么进球的?在训练场上你花了多长时间才练就了这番绝学?"或者别的类似的问题。他觉得这球进得有些好笑,都快为此笑破肚皮了。

奥谢性格随和——你大可把他归为好打交道的那类典型的爱尔兰人——而且他跟俱乐部的所有人都很合得来。他会成为一名顶级水准的球员,因为他多才多艺,就算被爵爷安插在不同的位置上,也能够大放异彩。虽然他的惯用脚是右脚,但打左后卫的他有一种魔力,能够满场追逐对手,在球场任意一端都能有上佳的表现。他在中场也是生龙活虎,特别是在曼联伤兵满营时,他跟吉格斯搭档中场甚至收到了奇效。他能助攻,能射门,能拦截,几乎无所不能。甚至能在众将疲敝之时,客串其他位置,比如有一次客场对阵热刺时,他居然客串门将,还封堵出了罗比·基恩的单刀……

奥谢还是个孩子的时候就已经在曼联效力了,他热爱着俱乐部的一切,很难想象他不再效力老特拉福德时的情景。可职业足球的世界里,世事无常。2011年夏,史蒂夫·布鲁斯入主桑德兰,奥谢也追随而去。他现在都三十好几了,跟我一样都是"老人家"了,但我相信他仍能继续奋斗几年。但我还是觉得,他依然琢磨不出,当初对阵本菲卡时,我那脚侥幸的进球到底是怎么一回事……

我当时是在笑话斯科尔斯呢,因为我看过他进过干净漂亮的进球,也见证过他奇迹般的进球。我告诉他,他这球绝对是用小腿进的,看到他居然没踢正部位,我当时整个人都怔住了。不过我可得告诉你,在那样的情况下,他做得可是相当棒了!

——约翰·奥谢

▶ 注意图中我跟鲁尼在卡灵顿训练基地一起做拉伸练习时,后者头上戴的帽子。当时天气肯定不太冷,要不然我也会像他那样给自己整顶帽子,所以我只能推断,鲁尼戴帽是要遮挡他日渐稀疏的头发。看来他是很喜欢自己那顶帽子,这才说得通他为什么会在植发手术过后还对它恋恋不舍呢!

　　之所以我开得起鲁尼的玩笑,是因为他并不介意,因为他也喜欢开别人的玩笑。他让我想起了尼基·巴特,两人都是一肚子的笑料,非常擅长调和气氛。鲁尼很友善,性格也接地气,甘愿为任何人赴汤蹈火。

　　不过当然啦,他也有自己的脾气,偶尔也会在场上发泄一通。他是天生的赢家,要是有什么让他觉得不爽的话,他绝对会直抒胸臆。比如,当球队表现不佳或是某人擅离职守的话,他会把自己的情绪直接表达出来。

　　鉴于他畅所欲言以及坚韧不拔的性格,我认为鲁尼完全能够担负起未来曼联队长的责任。他有能力激励全队,督促队友发挥出 5% 的关键潜能,迫使球队在逆境中迎难而上,扭转乾坤。他跟罗伊·基恩很像,都拥有明确的决心、胜利的渴望、令人肃然起敬的工作效率以及直面困难的担当。要是鲁尼能够在佩戴队长袖标时,取得哪怕半点罗伊·基恩当初收获的成功和荣誉,想必曼联球迷是绝不会有所抱怨的。

　　　　斯科尔斯就是这种人,没准又在拿我的秃头开涮。他能够一个人独来独往,可突然会冒出一句语不惊人死不休的话。所以,他总是像最后一颗钉在棺材上的钉子一样,令人拍案叫绝。他的确很安静,但说起话来绝不会含糊其辞,大家都知道他是个说一不二的人。他的确是让年轻球员仰望和崇敬的模范。

　　　　对我来说,斯科尔斯是我这一辈人里头,在英格兰所能找出的最佳球员。他能够掌控比赛,传出好球,甚至看到其他队员察觉不到的端倪。所以,能跟他踢球是一种享受,曼联长期以来有他驻守也是一种莫大的幸运。

——韦恩·鲁尼

12

2006/2007

一边儿去，穆里尼奥先生

经历了 3 年无冠的尴尬后，2007 年我们重新将联赛冠军奖杯带回了老特拉福德，大家伙儿都乐坏了。值得一提的是，我们还把亚军远远地甩在了身后。积分榜上，我们领先切尔西 6 分，没让他们完成联赛冠军帽子戏法，还甩开了季军利物浦 21 分之多。还有一点很重要，我们前进的步伐似乎远未停止。事实上，我们渐入佳境，表现愈发稳定，再度晋级足总杯决赛以及欧冠四强，这也让我们对未来充满了期待。

对我们的主教练来说，算上这个赛季，他在曼联整整度过了 20 周年，绝对是一座难以置信的丰碑。在这段岁月里，他一次又一次地完成了球队的更新交替，不断登峰造极。不管会有哪位明星球员加盟或者离去，弗格森爵士都会一如既往地奋斗下去，曼联也会如此。很难想象，我竟然也有幸成为这一段漫长故事中的亲历者。

◀ 要是一个职业球员想要知道他自己和他家人是何其幸运的话,我推荐他去一趟巴普胡梅拉之家(Baphumela Home),那是一家位于南非开普敦的孤儿院。2006年7月我们受俱乐部指派,成为联合国儿童基金会亲善使者,花了数个小时跟所有在那儿的孩子见了一面。看到他们是那么渴求关爱,真让人感到非常痛心,只要我们出现在他们面前,他们都会伸出双臂,等着我们抱起,然后紧紧地与我们偎依在一起,在这样的情形下,我们根本就不忍心拒绝他们。

当然,这些孩子根本没听说过曼联,我们对他们来说是彻头彻尾的陌生人,可这些都不成问题。大家都很友善,随时准备好和孩子们亲近互动,关注着他们的一举一动,这就足够了。我自己就有三个孩子,即便回到家中,这些可怜的南非孩子也一直叫我难以忘怀。我理解他们的需求,也知道失去父母的他们最缺少什么。

所有的球员都喜欢这样的旅程,最后挥手和他们道别时,大家心里都很不好受。多年以后,我依旧能清晰地记得这个孩子,他依偎在我怀中的样子就好似我们是一家人。他很可爱,脸上总是笑盈盈的,而他最需要的,就是我们的关爱。

▶ 到了我跟阿兰·史密斯一起拍照的时间了,这是他刚刚从约克夏摩斯加盟老特拉福德的时候。说起他,首先声明他是个非常可爱的小伙子,性格开朗,待人真诚,他2004年夏季转会成为红魔的一员,而他正是我们急需的人才。近年来,我们拥有许许多多外籍球员,但阿兰是那种老派的英格兰传统中锋,坚韧硬朗,桀骜不驯,因此能够给我们的阵容带来新鲜感。他在利兹联拥有数不胜数的联赛经验,上场比赛的每1分钟都能以满腔热情和取胜欲望感染所有的曼联球迷。

当然，他曾经是，未来也仍将是狂热的利兹联球迷，但作为一名职业球员，他也能从容不迫地克服这种情绪。他知道，在曼联就意味着年年争冠，而我觉得，在下定决心转会的时候，他一定没有丝毫动摇。在这里，我们要向利兹联表达敬意，他们在过去曾经是一家顶级俱乐部，未来也有潜力重回巅峰，但显然，阿兰·史密斯跟我们在一起才更有可能收获奖牌。

签下阿兰·史密斯是一个巨大的成功，他在前场和中场都做出了卓越的贡献，但在足总杯对阵利物浦的那场平局中，他严重受伤，至此再难踢出以往的水平。这张照片拍摄于 2006 年 8 月，当时他正准备登场比赛，谁曾想，这竟是他在老特拉福德的最后一个赛季。不过，即便没能恢复到巅峰状态，他在球场上仍奋勇拼搏，表现抢眼，令人印象深刻。

▶ 能够为一家俱乐部出场500次（尤其是为曼联），绝对是其他球员难以企及的一座丰碑。但我很骄傲，因为我做到了。让这一切备显特别的是，将承载着这份殊荣的银盘交付于我的，竟是博比·查尔顿爵士。那是在2006年10月一个周日的下午，我们在老特拉福德对阵利物浦之前。

很遗憾，在查尔顿爵士踢球时，我还没有出生，难以一睹其征战绿茵时的风采。但即便如此，每当我想到曼联的时候，脑海里第一个浮现出来的都是博比爵士的大名。我在胶片里看过他的进球，很多都是35码处的远射，当时的足球可都是皮革制成的，个个分量十足。于是我明白，他绝对是史上最出色的球员之一，是一位标杆模范式的人物。他在俱乐部仍享有极大声望，我们都仰望着他，从他那儿聆听教导，避免误入歧途，试着像他那样表现出高超的职业水准。

因此，读到他在后记为我写下的那些溢美之词时，我不免感到心潮澎湃。老实说，我都快热泪盈眶了。直到阅读到这些文字的时候，我才知道人们对我的真实看法，而博比·查尔顿的亲笔赠言让我深感惭愧，却也充满感激。

▲ 美妙的一天妙上加妙！在接下来的比赛里，我们2∶0击败了利物浦，而我则为球队首开纪录。那球进得不算漂亮，可在曼联的阵营里头，没人会挑剔抱怨的。吉格斯从左路送出一脚传中，我第一脚打门打在了对方门将雷纳身上，皮球极具诱惑地弹了回来。海皮亚和我赶忙迎了过去，最后我抢先一步将球捅射入网，卡拉格当时就在我身后，他目瞪口呆却又无可奈何。能在对阵利物浦的比赛里进球，总是让我无比开心，这粒进球也不例外。球进了没过多久，半场就结束了；下半场中程，里奥·费迪南德又打进了第二粒进球，皮球直挂球门上角，门将雷纳毫无机会。现在看来，好似当初一整天的剧本都是由我书写的一样——也许还借助了里奥的一点点帮助！

◀ 有些读者读到这里也许会感到惊奇：大多数曼联球员都很喜欢穆里尼奥。当然，他身上多少有一种超脱傲然，放在别人身上你也许会嗤之以鼻，可能会让你形容为妄自尊大。但穆里尼奥张扬个性的方式——大多数时候显得哗众取宠，但好歹透着他招牌式的绝对自信——让人们能够接受他，有时还挺有趣。

不管别人怎么说他，每当对阵切尔西的比赛结束，我们都发现他是个风度翩翩的人，不管比赛结果如何。他总会跟曼联球员握手致意——这张照片里，2006年11月我们在主场与切尔西1∶1握手言和，我就跟"特殊的一个"来了次近距离接触——虽然我们很少有时间对话，但在我印象里，穆里尼奥是个优雅潇洒的人。

在穆里尼奥来到英格兰之前，他在我们心中留下了不太开心的回忆。也正是在老特拉福德，当年他执教的波尔图在欧冠联赛中淘汰了我们，然后他在场边纵情庆祝，这个画面在我们脑海中留下了深深的烙印。我们不喜欢看到这一幕，但同时也理解他的兴奋之情，之后在赛季中的表现也足以说明他的确是个性情中人。

▼ 如果从技术层面来衡量的话，这粒进球堪称我的最佳进球——但如果你跟曼联装备护理员阿尔伯特·摩根打听打听的话，他一定会告诉你这都是他的功劳！这天离2006年圣诞节还有两天，球队以3∶0的比分战胜维拉，进而保住了积分榜头名。瑞恩·吉格斯用左脚罚来右侧角球，对方头球高高地将球解围，皮球恰巧落在了我身前，于是我瞄着球门中路，从25码处飞起一脚。我无须谦虚慎言，因为整个衔接过程真的很不错，这脚凌空抽射很完美。我并没有刻意发力，也没想来脚爆杆，但皮球击中横梁下角的时候，看上去就像是我使出了浑身解数一样。可事实上，这都得归功于射门的时机，而非力量。

那么，阿尔伯特发挥了什么作用呢？好吧，赛前，我跟他说他拿错球鞋了，他带过来的是我的训练用鞋，而非比赛用鞋。之后，他想起我曾对他抱怨不休，问我还想不想换回鞋子，而我告诉他没有关系。所以，他也算是赛季最佳进球的一大功臣呢！

▲ 看着皮球入网，我跑去和离我最近的队友——帕特里斯·埃弗拉庆祝进球，当然，我的确还想到了阿尔伯特，于是指了指自己脚上的球靴。还好，我进了球，没让他难堪！哈哈，当然是句玩笑话啦！

　　保罗是个招人爱的小伙子，但有时他会对自己的运动装备格外挑剔。有时，他会穿着比赛用鞋训练，时而又换回训练用鞋，想弄清楚每次他到底想穿哪一双球鞋真叫人抓狂。这一次，他想穿我没给他带的那双，但我知道有一双备用鞋，于是就给了他。接着，他就上场去了，还打进了一粒不可思议的进球，我当然会说头功必须记在我身上啦！每当我看到这粒进球时，我总会说："这球得算在我头上！"

——阿尔伯特·摩根

　　2007年3月,曼联主场对阵布莱克本的比赛中,我们亟须加快争冠脚步,却在比赛开始30分钟时就落后对手一球。正如之后"英超赛事精华"① 节目评论员点评的那样,老特拉福德成了一片"嘘声的海洋",他的评论一针见血,直戳痛处。我们那天的确踢得不好,紧张得不得了,而且,我们连续三年与联赛冠军无缘,球迷焦躁不安也在情理之中。

---

① *Match of the Day*,是英国广播公司(BBC)的老牌节目,于1964年开播。播出的是当天或前一天的英超联赛集锦。

可当我从他们的大个子中卫克里斯托弗·桑巴脚下劫过皮球，再如同跳舞一样接连晃开前来堵截的瑞安·尼尔森和史蒂芬·沃尔诺克之后（见左图），我的面前只剩下对方门将布拉德·弗里德尔了。既然费了老大力气，从禁区左端跑到右端，再不进球可就有些说不过去了。所以我很放松地踢了脚地滚球，皮球从大约 12 码的位置滚进球门远角（见上图）。老实说，当时我还想发力，但我仅仅是轻松一拉，让皮球蹿过了前来封堵的弗里德尔（在跟我们比赛的时候，他的表现总是像打了鸡血般出色）。

比赛由此迎来转折，布莱克本崩盘了，而我们在最后半小时内连续出击，最终又凭借迈克尔·卡里克、朴智星和索尔斯科亚的进球，4∶1 战胜了对手。这算是我生平最赏心悦目的盘带进球吗？在当时看来，这球的确当仁不让，至少自上学后就没有过这种进球了，但是 3 年之后，我又有一记颇为类似的进球入账，马上就能与你分享了。

◀ 看来又是一桩巧合，可也许不是。就在我在主场连续过人，打进了那粒震惊自己、震惊所有人的进球的前一天，我们全队真的在练习盘带，穿梭往返于立杆之间，以此锻炼步伐和敏捷能力。是不是米奇·费伦有先见之明呢？还真说不好！

　　索尔斯科亚和阿兰·史密斯对我的这番训练表现并不感冒。但也许，他们阴沉的表情完全是因为刚刚的绕桩太累了，想到要再绕一次，他们心中难免暗暗叫苦。我觉得，虽然阿兰在赛场上绝不是个懒鬼，随时都准备好了出战，但他压根儿就不喜欢训练。索尔斯科亚就不同了，他在训练时的态度就相当好，不管是在卡灵顿还是在老特拉福德，他都能用最高标准全情投入。他是一名出众的球员，可以说是十全十美，虽然有时他也会错失上场机会，但在我的印象里，他永远是那个一次又一次不断创造机会的人。

▶ 这个判罚也许出现在罗马。甚至在我垂下头，意识到裁判即将出示红牌之前，我心里就有一种不祥之感。我根本就没碰到罗马队的弗朗切斯科·托蒂，可他还是大叫了一声，然后倒地，在草地上打起滚儿来，我那时就知道，等着自己的是怎样一种结果了。他压根儿就没事，根本没有受伤，对他而言，不过是又一次"完成任务"罢了。就这样，我抱憾离场，球队最终在 2007 年 4 月的这场欧冠 1/4 决赛第一回合中 1：2 客负对手。

　　早前我就拿了一张黄牌，可整个夜晚我只铲过两脚球。我之前说过，一见到那些做了五六次铲断动作，却只是领到口头警告的球员，我就气得咬牙切齿。而我呢？一抢断就吃牌。

　　我沮丧极了，因为比赛连半场都还没到，我知道，这个夜晚对其他队友来说会显得格外漫长。我让他们失望了，爵爷也肯定不会轻易放过我。几乎每次我被罚下场，爵爷都会让我多注意铲断，但同时他也知道，作为一名中前卫，我又必须站出来抢球。我记得有几次，我们被他劈头盖脸地一顿臭骂，他当时气极了，就是因为大家居然连哪怕一次抢断都不敢做！

这次被罚下场时，比赛比分仍是０∶０。可就算我们最后１∶２输了，我的缺阵也没有影响到球队之后的发挥，因为在主场，我们以７∶１的比分痛击了对手。虽然我没上场，但却在老特拉福德见证了球队最棒的欧冠表现，也算是种安慰。

◀ 我猜,你也许会把照片中的姿势称作中场球员的标准动作——球在脚下,右脚外侧运球,同时环视四周,脑中思考着该如何改变比赛走势。当你自信心爆棚的时候,那感觉是很美妙的,你觉得自己能踢得很好,想着自己要兢兢业业,掌控比赛。我多么希望这种经历能够多一些啊!

　　作为一名中前卫,哪怕是球还没有传到脚下,我都会迅速地环视四周,思考下一步应该往哪边走。人们说中场球员的脑中有一幅整场比赛的全景图,我也尝试着建立这张图,很关键的一点就在于你要对所有人的位置了然于心。话是这么说没错,但很遗憾,并不是每次都能尽如人愿。

◀ 我也解释不清,当初脸上的表情究竟为什么会如此冷峻——也许我对一个判罚不满,或是传了脚极其糟糕的球——我只能保证一点:我整个人都全身心地沉浸在比赛里头了。当你上了球场,心态就一定要摆正,不然你的队友和主教练一定能察觉出来。在 90 多分钟的比赛里,你的世界里就只有足球存在,所有困扰你的私事儿都得抛至九霄云外。绝不能让琐事影响到你,不然就很难做好本职工作。

　　在有些人的印象里,足球运动员异乎常人,不食人间烟火,没有世俗烦恼。他们都觉得我们不用逛商场,不用出门买菜,好像我们雇了专人打点生活一样。可能确实有这样的,但我向你保证,绝大多数球员都尽可能保持低调的生活,尽可能与平常人一样。

　　当然,我们无时无刻不在背负着压力,有时甚至出于个人原因,很难有优异的表现,但是一旦球员的表现不如意,就会出现质疑的声音。我只有竭尽全力地去接受这个现实,因为这也是我们工作的一部分,我们就是靠这个吃饭的。

◀ 2007年5月，我们开始了对阵AC米兰的欧冠半决赛征途，当时我们的呼声很高，大家都看好我们能杀入决赛，但在圣西罗那个可怕的夜晚里，我们最终铩羽而归。

图中，我正试着从格纳罗·加图索的伸腿拦截中脱身而出。加图索的表现非常棒，一次接一次地从C罗脚下抢来皮球，我无法否认，这名小个子意大利球员效率奇高，或者说，他干这活很在行，但当我听到别人拿他跟罗伊·基恩作比较时，我免不了会发笑。加图索的欲望的确是永无止境的，他强壮而且活力十足，但要说综合能力的话，他跟罗伊不在一个水平线上。对我来说，加图索就像是一名啦啦队队长，时刻调动着球迷，鼓舞着队友，毫无疑问，这的确是个出色的品质。但有时候他也会玩过火，2011年他和热刺队教练乔·乔丹爆发冲突就是一个鲜明例子。

从照片中可以看出，我骗过了加图索，但他却是笑到最后的人，帮助AC米兰3∶0获胜，将我们首回合3∶2的比分优势一扫而空。我们曾两次都栽在了圣西罗球场，但最终在2010年实现了复仇。

◀ 我本想说，在对阵曼城时，我这脚从迈克尔·波尔和史蒂芬·爱尔兰堵截中实现的射门帮助球队锁定了联赛冠军，但我不能这么说，因为这球并未打进。那是2007年5月一个阳光明媚的下午，曼联做客东地球场[①]的事情了。不过没关系，等待的时间并不是太久。我们最终1∶0险胜对手，切尔西却在第二天与阿森纳的比赛中丢了两分，曼联终于在自2003年以来，头一次问鼎冠军。

对所有曼联阵营中的人来说，波尔简直就是个恶汉，不断对C罗构成威胁，没少在他身上留下鞋钉印。我知道C罗有时也会夸张地表演一番，但这次，他真的是让对手毫

[①] 曼彻斯特市球场（City of Manchester Stadium），英文别名为COMS（运动场的英文缩写）、Eastlands（东地球场）及Sportcity（运动城），于2011年7月出卖自己主场的名称，获阿提哈德航空冠名赞助称为伊蒂哈德球场（Etihad Stadium），是位于英格兰曼彻斯特的运动场。

不留情地给盯上了。最终,他让对方的防守队员付出了代价,由于波尔的侵犯,C罗获得且罚进了点球,打入了全场比赛的唯一进球,也算是报了一箭之仇。可波尔仍不肯善罢甘休,比赛末尾,因为韦斯·布朗一次无伤大雅的抢断,波尔颇具表演意味地在我们禁区跌倒了,给曼城也争取到了一个点球。不过幸好,范德萨扑住了达里奥·瓦塞尔的点球,真是苍天有眼。

▶ 在足球世界里,两天的时间也可以显得尤其漫长。周四凌晨,我们刚从米兰铩羽而归,身心俱疲。现在,随着曼彻斯特市球场终场哨的吹响,联赛冠军的荣誉近在咫尺。虽然我们在德比战中表现得并不完美,但球员们都很投入,绝对配得上这关键的3分。我脸上的表情既有胜利的喜悦,也有压力释放的解脱。在这个炎热的下午,球队本周艰难的背靠背征程就此画上了句号。

▶ 通常,我会在庆典活动里躲在人群后边,可当我们在老特拉福德结束了赛季最后一战并且赢得联赛冠军时,我却站在前头,手里还握着香槟酒。为什么我会一反常态,变得如此欢欣鼓舞呢?因为我们阔别联赛冠军已经长达3年之久了,这也是我职业生涯中,最漫长的"无冠期",所以我才会在重新夺得奖杯后,显得如此开心。我知道,这么做的确是对香槟美酒的浪费,但照片还是拍得相当不错的!

事实上,那天下午对阵西汉姆联队的比赛让我们给搞砸了,球队0:1告负,我得说球队的赛前准备并不理想。因为在提前锁定联赛冠军后,我们有几个晚上都高兴得过了头,所以,虽然我们都想拿下比赛,但脑袋里并没有把对阵西汉姆联的这场比赛太当一回事儿。他们的表现的确很好,卡洛斯·特维斯那粒制胜进球也证明,他们这场比赛绝不会善罢甘休。

▼ C罗在告诉我,我戴这顶帽子就是个很不明智的选择,因为它会把我的发型弄糟。但即便说出来你也不会感到惊讶,他这话更应该对他自己说,而不是对我说。照片里,他还是一如既往地抹了发胶,头发根本就没有受到干扰,没有发生任何改变。

▲ 我兴高采烈地凭借对阵维拉的那一脚进球,将曼联赛季最佳进球这一殊荣收入囊中,能够从一个在进球方面颇有造诣的人手里接过这项荣誉,简直是再合适不过的了,没错,他就是索尔斯科亚。

　　他刚刚拿到了第六枚联赛冠军奖牌,不久他就宣布挂靴,把精力放在了曼联后备人才的培养上。他在教练这一行干得非常出色,对此我根本没有一丝惊讶,如今,他已经入主莫尔德俱乐部,也就是他的挪威老东家。后来,新官上任的他居然一举收获了联赛冠军,不得不说是开了个好头。他是一名出色的球员,也是一个魅力十足的人,希望未来他能够百尺竿头,更进一步,斩获更大的成就。

▶ 2007年足总杯决赛,我因为切尔西得到了一个任意球机会而咆哮抗议,因为我坚持认为,我对他们边锋肖恩·赖特－菲利普斯的抢断合情合理。我先是干净漂亮地抢到皮球,然后才把他铲上了天——没人可以做得更好了。显然,有些家伙喜欢干了错事还狡辩个不停,想侥幸逃脱惩罚,但我非常肯定地认为,我说的句句属实。

2007年足总杯决赛失利为我们本来值得留恋的赛季画上了一个不太完美的句号，至少，我们的表现的确很好。我们整场比赛一直压着对手打，可运气就是没有站在我们这边，瑞恩·吉格斯的进球也被吹掉了，接着迪迪埃·德罗巴在加时赛末尾打进了切尔西的制胜一球……

这一幕让人不免想起两年以前，我们也是压制着阿森纳，可到头来依旧未能得偿所愿。这两场比赛里，要是我们以两球或三球击败对手，恐怕都没人会感到惊讶，也没人会抱怨的。

很多时候，我们踢得都比切尔西好，可就是没办法击败他们。他们似乎总能笑到最后。他们放弃控球率，这种策略不仅仅只用来对付曼联，他们对阵很多其他球队时也会如法炮制，可他们毫不在意。他们十分顽强，自始至终都十分投入，而且在穆里尼奥执教期间，他们似乎总能找到赢球的方法。

12　一边儿去，穆里尼奥先生

▼ 一个雾霭朦胧、寒气逼人却又美丽的早晨,我在卡灵顿训练基地等待队友们从更衣室里出来练球。我总是第一个来到训练场地的人,等着队友涂好发胶或者摆弄好别的什么玩意儿。在更衣室,我向来是进来放好鞋子就出门训练了。根本不会花太多时间站在镜子面前左顾右盼,我低调的发型就能说明这一点。

我觉得,因为天气原因,很多外援花了相当长的时间才准备妥当。我总能听到他们对曼彻斯特的天气抱怨个不停。他们咕哝这儿时而狂风大作,时而淫雨霏霏,时而天寒地冻,但他们在这儿都赚了个盆满钵满,因此我不会对他们同情心泛滥。

让我感到惊奇的是,有时候天气因素也会成为球员决定离开曼联的一大原因。大家也都听说过皇马那边的天气状况,因此,我们这儿的平均气温没准促成了 C 罗做出告别的决定。而我却喜欢曼彻斯特这个地方,一直如此,以后也会如此,可显然,我有这种感受,别人却不一定如此。可是,曼联的球员是在世界上最好的联赛里踢球的,这里论功行赏,治军严明,而至于日光浴,等我们老了,不多得是时间吗?

13

2007/2008

血与战利品——记莫斯科之夜

有人曾写道,曼联 2008 年在莫斯科对阵切尔西的欧冠决赛对我来说是一场救赎,因为 9 年前,我因为停赛而错过了同拜仁慕尼黑的那场世纪交锋。在我看来,这名记者是有些异想天开了,因为我压根儿就没考虑过这些。对我来说,我不过是获得了一次宝贵机会,能够在世界上最顶级的俱乐部比赛中登场亮相,而我也决心要利用好这次机会,特别是因为,此前我已经因伤休战近 3 个月之久了。

我必须承认一点,虽然在 1999 年诺坎普那个神奇的夜晚之后,我们在欧冠赛场也有过优异的表现,但我们心中不免觉得,球队并未爆发出全部潜能。击败拜仁慕尼黑以后,我们曾一度确信,我们也能够像皇马、AC 米兰或阿贾克斯那样蝉联欧冠冠军,这会让球队提升到另一个层面。可年复一年,我们要么止步四强,要么折戟半决赛,因此迫切渴望能在 2008 年实现突破。

要是有那么一场比赛,我们都想发挥出最佳水准的话,那一定非 2008 年 2 月的这场曼彻斯特德比莫属了。巧合的是,这天也是慕尼黑空难[①]50 周年纪念日。在比赛开始前的这一周时间里,俱乐部感人至深地缅怀了空难中丧生的 23 名人员,而我们这支新一代曼联球队,希望在这个尤为重要的日子里,通过卓越的表现向逝者致以最崇高的敬意。遗憾的是,我们并未达成目标。

有一处很明显却又非常得体的变化,当天我们穿着的球衣上并没有赞助商的标志,但在这场意义非凡的比赛里,我们的表现叫人失望透顶,最终 1∶2 告负。

---

① 1958 年 2 月 6 日,英国欧洲航空公司第 609 次航班,在西德慕尼黑机场积雪的跑道上第三度尝试起飞时失败撞毁。罹难者包括 8 名曼联球员及 3 名职员。

在比赛开始前的几天里,不断有纪念活动举行,媒体的关注热情也很高,但相比让这种阵仗驱使我们打好比赛,还不如让我们的心情平静下来,坦然面对。当然,那场比赛我发挥不佳,举步维艰,而曼城则表现优异,配得上胜利。最终,我们感觉让太多人失望了,他们原本希望借助一场胜利告慰那一支历史上最强的曼联队伍。更糟糕的是,我们当时觉得,我们在他们心中留下了不美好的回忆。上面这张照片拍摄于终场哨响起的那一刻,算是我们全队当天表现的一个缩影。

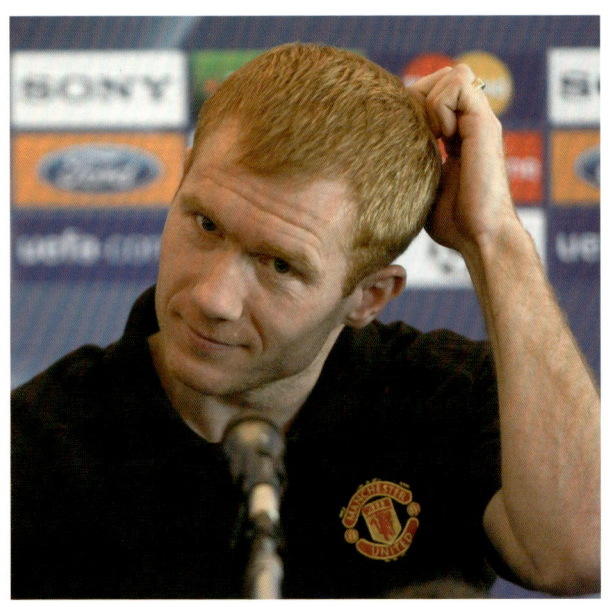

◀ 他们现在到底又想怎样？就不能让我清静会儿吗？

大多数人都知道，我并不善于在大庭广众之下侃侃而谈。一想到人们跑到这儿来，就是听我说些套话，我心里就不舒服。我承认，这的确有些奇怪，面向麦克风时我就紧张得不得了，可每周一到球场，面对七万多名观众时，我又显得开心自在。在那种情况下，我的周围好似空无一人，而我只是在做本职工作罢了。可到了新闻发布会，面对着二三十号人，我却感觉心神不宁。随着多年的磨炼，我觉得自己跟媒体打交道的本事的确有所长进了，至少不会在比赛后感到坐立难安了。但请相信我，以后我能躲还是会躲的！

▶ 2008年3月，在老特拉福德这场异常激烈的双红会中，我正和前英格兰队队友史蒂文·杰拉德争夺球权。我们当天赢了个3：0，在夺得联赛冠军的道路上又迈下了坚实的一步。我相信，利物浦年复一年都在觊觎着这项荣誉，他们的渴望也愈发强烈。在我的职业生涯里，他们只有一次非常接近联赛冠军头衔——也就是2008/2009赛季——当时曼联完成了第二个联赛冠军帽子戏法，可差点儿就让他们夺走了冠军奖杯。

史蒂文的足球天赋无须赘言，他能够在世界上任何一家俱乐部站稳脚跟，也能够夺得所有想要夺得的荣誉。但正如我是个典型的曼联人一样，在他心中，利物浦就是他的全部，也正因此，他才决定要和自己热爱的球队长相厮守。向他致敬！

就性格来说，史蒂文是个安静的人。他只关注比赛，多少跟我有点儿像。但我们的关系从未走近过，即便是在英格兰国家队也是如此。这都是因为两家俱乐部之间的恩怨情仇。

▼ 你先右晃晃,再左摆摆……真的好像是我跟维迪奇在训练中跳起了舞一样,但有一件事是肯定的——我宁可跟这名塞尔维亚硬汉中卫跳舞,也不愿意在球场上向他拦截抢断!相信我,维迪奇是个个性非常强硬的人。

　　有时,你可能经常听到外籍球员吹毛求疵,这些人踢起球来总是花里胡哨,天花乱坠,但如果是在2月又潮湿又寒冷的时候,让他们去迎战博尔顿、斯托克城、布莱克本的话,他们就叫苦不迭了。与之相反,不管任务有多么艰巨,维迪奇始终不以为意。他就是喜欢在比赛中身体对抗、争顶抢断,在形势严峻的情况下,与对方针尖对麦芒、拼刺刀。刚来曼联的时候,他也花了好些时间适应,但很快,他就证明了自己的高水准。他不仅是一名战士,也是一名拥有自己踢球风格的球员。维迪奇天生就是队长,咆哮沙场,身先士卒。

▲ 爵爷、助教卡洛斯·奎罗斯和纳尼都乐开了花，之所以我看到照片后也感到开心，是因为我看到某人对待训练也是十分严肃的。今天看来，我当时要么是把三个人全给铲倒了，要么就是得到了爵爷的授意，给咱们的葡萄牙边锋来了这么一下……

不用说，像纳尼这样的年轻人，要想在异乡他国生活和比赛，想必是需要一段时间适应的，但之后的表现不仅证明了他是一个特例，也说明了这笔收购非常成功。

他还是个很不错的人，开得起玩笑，轮到他讲笑话的时候，也能张口即来，滔滔不绝。未来几年内，纳尼在曼联的前途不可限量。

▲ 显然,我的速度甩了这两台"老爷车"(安德森和路易斯·萨哈)一条街,他们像是费了老大的劲儿,但还是追不上我。这一幕发生在卡灵顿训练基地,当时我们正做着冲刺练习。好吧,是我在做梦。更贴近现实的情况是,他们经常让我先跑个 5 码,然后,就轮到我半死不活地追在他们后头了!

看到安德森脸上那副笑容了吗——或者他是在做鬼脸?——他就是这么一个欢脱的人,我觉得这世上根本没有让他心烦意乱的事情。能有他在身边非常美妙,因为他总是能让大家轻松愉悦,如同之前的德怀特·约克一样。安德森还拥有成为顶级球员的一切素养。有那么几场比赛,他在球场上才华横溢,锋芒毕露,速度奇快,冲击力极强,能够在对手还没反应过来之前,占得先机。他当然也有进球的责任,但平心而论,他的传球时而妙不可言,时而不尽如人意。我相信,等安德森愈显老成,或者注意力更加集中以后,他完全能够做得更好。

至于路易斯嘛,要是他状态正佳,无伤病困扰时,在这世界上恐怕再也找不出更好的中锋了。但遗憾的是,他的职业生涯总是遭受伤病侵扰。

▶ 联赛冠军近在咫尺,我们于 2008 年 4 月做客布莱克本,满心期望着一场胜利。可离比赛结束仅两分钟时,我们仍旧一球落后。接着,纳尼在左角球区用右脚传中,我杀到禁区里面，拼尽全力想顶进扳平球。可我前额只是将球一点，皮球又往特维斯那边飞去，后者在电光石火之间当机立断，扭身将球顶向后门柱。有时候，费尽心思的打门倒不如即兴而为，特维斯这次算是歪打正着了。我可骗不了任何人，我当时不可能是有意要把球做给特维斯的，因为他距离我实在是太远了。我当然是瞄着球门顶球的，可偏出了大约两三码，这才有了特维斯的跟进补射。

我 5 英尺 7 英寸的身高显然帮了我的忙，因为对手觉得我不可能顶进制胜头球。我知道，我曾打进过一些头球，但人们依旧觉得，没必要对我多加盯防。但正如我之前所说，只要迎球的位置刚刚好，你长多高根本就不是问题。有趣的是，卡洛斯甚至比我还矮，而他此刻却为曼联立下了赫赫战功。这场比赛在球队争冠道路上显得尤其重要，虽然最后我们握手言和，感觉却像赢了球一样。因此在接下来的主场作战中，我们的士气才会有冲天凌云之势。

▲ 我抢下了皮球,但对手却飞上了天——我对这张照片真的有话要说!这次与威根中场威尔逊·帕拉西奥斯的正面交锋出现在 JJB 运动场(如今改名为 DW 运动场),也就是我们在赛季最后一天赢得 2007/2008 赛季联赛冠军中的一幕。他遭遇抢断、飞向天空的动作算是南美球员特有的反应,他们就是靠这门本事发家的。但只要我抢下了皮球,管他们动作多么夸张,我根本不在乎。

帕拉西奥斯后来去了热刺和斯托克城,算得上史蒂夫·布鲁执教威根时的一笔好买卖,他跟哥伦比亚同胞安东尼奥·瓦伦西亚的表现十分优异,后者后来还加盟了曼联。当他们初来英格兰时,几乎没有多少人听说过他们的名字,但他们立马就展现了出色的才能,证明了在足球这个生意场上,便宜也能有好货。

这两张照片展示了在瑞恩·吉格斯冷静推射、确保２：０胜局（同样也确保了联赛冠军归属）后，我们举队欢庆时，我的两种截然不同的情绪。

◀ 这不是第一次了，我的样子看上去是希望照相机往别处拍摄，可我并没有闷闷不乐，相反，我有一种释然的感觉。在争冠的道路上，有太多情感掺杂其中，在联赛最后一场比赛里尤其如此，而我正在享受这一刻难得的安静，很高兴一切终于到头了。还有，我在寻找自己的儿子亚伦，他那时早已跑下了看台，准备参与我们的绕场致谢。

◀ 这张照片里我的表情就开心多了，虽然看起来，我是在龇牙咧嘴地坏笑。能够通过自己的努力，而不是干巴巴地等着竞争对手的结果来赢得冠军头衔，那感觉是完全不一样的。虽然不论如何，能拿到冠军就一切好说。但比起坐在家里神情紧张地观看其他赛果，然后鱼跃而起，欢呼雀跃，不知道该做什么好来说，我还是宁愿大家通过自己的拼搏，早早地将荣誉收入囊中。至少，你只需要赢下自己的比赛，让命运多少能够掌握在自己手里。

磕磕绊绊地与地球上两大最具天赋的球场艺术家在一起——莱昂内尔·梅西和安德雷斯·伊涅斯塔。当时是 2008 年 4 月欧冠半决赛首回合,我们做客诺坎普球场。那天晚上双方均未取得进球,就创造力来说,我们的确略逊一筹,我们没有踢出他们那样的华丽足球。但我们防守端的表现不俗,因此涉险过关。

迎战巴塞罗那队总像是一场终极测试,因为他们是这个世界上最好的球队。通常,你需要一个星期才能从比赛中缓过气来,毕竟和他们比赛,你必须集中所有精力,因此会显得格外疲劳。巴萨踢的正是我想要踢的那种足球,任何踢过足球比赛、了解足球比赛的人都想去效仿他们的比赛方式。当你在一旁观看他们比赛、不必担心该如何阻止他们的时候,他们的表现会让你瞠目结舌。巴萨诠释了"全攻全守"的意义,门将、中卫

等所有球员都能踢出美丽的足球,每个人在场上都不遗余力,哪怕球星也不例外。

虽然我跟他们并不熟,但有一点很容易看出来,巴萨的小伙子们从本质上来说都是很谦逊的人。他们一点儿都不自负,总是很放松地做着该做的事,用他们的足球来表达情绪以及对生命的礼赞。这些都是弗兰克·里杰卡尔德和佩普·瓜迪奥拉言传身教的结果。

近些年来,伊涅斯塔和他的中场搭档哈维的光芒似乎被梅西掩盖了,不过,圈内人士对他们二人的赞赏却从未断绝。说到梅西,他能够在一个赛季打入四五十粒进球,简直让人难以置信。他的球风融合了正规足球和街球艺术,而且用职业的方法呈现了出来,看他踢球是一种纯粹的享受。

这是迄今为止，我最为意义非凡的进球——2008年4月欧冠半决赛次回合主场对阵巴塞罗那的制胜球——而这都是因为我没吃准部位！好吧，在某些情况下，我的确不应当如此苛求自己……我们姑且把它称作"小小的失误"吧。

事情是这样的：C罗从对方半场边路截住皮球，无人看管的皮球就这么往我这边飞了过来,离门将近 25 码的距离,很适合来一脚半凌空射门,于是,在梅西无可奈何的注视下,我往大门的方向飞起一脚。当时我来不及计划妥当,仅仅只是尽力命中大门,这也是那球稍带运气的原因。皮球稍稍滑过我的右脚,接着绕过维克托·巴尔德斯,击中球门上角(如下图)。理想的状态是我击中门柱内侧,然后皮球能够中柱入网。当然,如果我真做到了理想状态,实现完美触球的话,也许反而过犹不及,让巴尔德斯有机可乘。

好了,在这里我又要说一句套话了——打从击球的那一刹起,我就确信此球必进无疑。门将左侧有一大片空当——他本身体型也不算大——所以他根本没法儿碰到皮球。每天都踢球的人一定知道,虽然之后赞誉不断,但那脚球处理得并不算完美。我自己也清楚地意识到,相比上个赛季对阵维拉的进球,这球处理得并不好,但它的纪念意义更大,因为它成了半决赛的唯一进球,送球队晋级了莫斯科的决赛。也就是说,范德萨、里奥·费迪南德、维迪奇以及其他队友拼命防守,在 180 分钟的比赛里力保城门不失,所以,这也是团队作战的结果。

到里奥的怀抱中来！每当我们取得进球，咱们的中卫绝对是最有兴致进行庆祝的人了，而且我敢打赌，能够在对阵巴萨时看到本方进球，对他来说肯定是意义非凡的。我们都对这一幕感到格外高兴，难道不是吗？想想看，我们怎么会不开心呢？要知道曼联可是阔别了欧冠总决赛9年之久了！我错过了上一次欧冠决赛，所以我从未料想到，居然能够凭借自己的进球，帮助球队杀进莫斯科。但我不否认，这的确是个特殊的时刻。朴智星（上图）和迈克尔·卡里克（下一页）肯定也是这么想的。

  这的确是一脚妙不可言的进球,不过除了斯科尔斯,我们也想不到第二个能够堪此重任的人了。谈起他,我总有说不完的话,绝不会感到厌倦,他是我心目中的最佳球员。我喜欢看他比赛,因为他总能淋漓尽致地展现球员的全方面技艺。他能够掌控比赛节奏,扼住比赛的咽喉,把握战机;能够取得决定性进球,又能传出致命一球,还能左右比赛形势,帮助球队打开局面,收放自如地调整比赛快慢,简直无所不能。他能够在场地任意一端拿球,帮队友排忧解难。要说他最与众不同的特点,非他的铲断莫属——等一等,还是掐掉这一段吧!——虽然老实说,他能够聪明地阅读比赛,但很多时候,他那些铲断动作似乎并不必要。

  同时,他也是一名无私的球员,从不会考虑个人荣耀,总是把整个团队装在心里。他从来不会忘记儿时的那份初心。斯科尔斯这人很了不起,真的。

——里奥·费迪南德

▼ 这次在莫斯科欧冠决赛中与切尔西中场克劳德·马克莱莱的身体对抗纯属意外,不过在此之后,我的鼻子被磕破了,还领了一张黄牌。对此,我深感不公。

皮球原先在我们之间弹跳,我俩都志在必得,所以在空中都扬起了双臂来维持平衡。就这样,我们相撞了,我也说不准他身体哪个部位磕到了我的鼻子,反正我是结结实实地让他给碰了一下,落地的时候,我肯定是最惨的那一个。出于某些原因,他们的球员叫嚷个不停,以为是我想肘击马克莱莱,但那绝对不是事实。我感觉是因为这次撞击,让原本普通的争球变得有如车祸现场。反正我只知道,我根本没想去伤害他,恐怕我这辈子也弄不清楚,到底为什么要让我吃牌?

▼ 跟马克莱莱相撞后,我是狼狈不堪,他倒好,没受什么伤就拍拍屁股走人了——居然还没有像我这样吃到黄牌!鲜血从我鼻子里涌了出来,很疼,起初甚至都止不住血。我不得不暂时离场,让队医料理我的伤口,矫正鼻梁,鲜红的血液溅得到处都是,场面不大雅观。最终,我又能够上场拼杀,而且很快就参与到了团队配合中来,帮助C罗打入了一记精彩绝伦的头球,打破了比赛僵局。

　　与此同时,马克莱莱似乎没受任何影响,依旧以防线领军人的姿态保持着高效的拦截。他是一名朴实无华的球员,并不会射门得分,也不会长传找人,但他却是一名完美的全能球员,球队的脏活累活他照单全收,毫无怨言,接连不断地抢下皮球,然后传给身前的队友。去年,他加盟皇马,在那儿也干这些活。虽然切尔西阵中不乏超级球星,但他们异常思念的,却是这个马克莱莱。

▼ 不太像是我主动找上门,给摄影师们摆拍了这么一幅亲吻奖牌的照片,但这一次,我的确很开心,所以才会对他们的要求统统来者不拒。我是不是回想起 1999 年因为停赛而错失欧冠决赛的那个夜晚了呢?是的,当然想到了。我当时也被授予了一枚奖牌,但那个很难作数,因为我并未出场比赛。这一次,我上场比赛了,也做出了贡献。这都是真话。我觉得自己的表现中规中矩,不好也不坏,但我的确是球队的一分子,有资格举起奖杯。瑞恩·吉格斯在常规时间的最后时刻替补,把我换下,对此我毫无怨言。当然啦,能够留在场上固然好,但我那时的确有些累了,脑袋也因为鼻子上的伤,有些晕晕乎乎的。所以,爵爷一如既往地做出了明智的决定。

上半场,我们本有几次机会让切尔西绝望,但如同对阵其他的对手一样,我们并未把握住这些机会,因此,切尔西让我们付出了代价,在半场结束前扳平了比分。在此之后,他们差不多有机会击败我们,可比分没有偏向任何一边,只能以点球决胜负。

作为同行,我的确有些同情约翰·特里,他错失了那粒关键的点球。我在对阵阿森纳的足总杯决赛里也经历过相同的一幕,所以我知道他会有多么失望沮丧。最后他哭了,而我只能拍拍他的肩膀以示安慰。我没有和他说话,因为没有任何话语能够让他好受。

▲ 你可以说，在终场哨响起以后，我是真的"不能自已"了，这都是韦恩·鲁尼搞的鬼。他一把将我扛上肩头，加上我碰伤的鼻子，看起来好像是他把我给绑架了，还让我挨了一顿胖揍一样！他扛起我的样子根本不费劲儿，好似我"身轻如燕"一样。好吧，我知道我是全队里的小个子，但要是换做老特拉福德的其他任何一人，韦恩也都能够轻松地故技重施，这也就是为什么，我总是尽量不去招惹他！

我们刚刚赢得欧冠冠军，在那种情景下，大家都兴高采烈，说不清当初都做了些什么。还好，我没摔着他！

——韦恩·鲁尼

▲ 要是当初在曼联夺得欧冠冠军奖杯之后,莫斯科卢日尼基体育场上空有天外来客到访,那么外星人一定会觉得我们跟一群怪胎一样。因为,当时下着瓢泼大雨,时近午夜,球场湿淋淋的,半空中也是亮片飞舞,烟花四射,而我们竟然还又蹦又跳,纵声高歌。事

实上，真正意义上的庆功会还未开始，相信随着夜色渐渐深去，没准真会有天外来客加入到庆祝的行列中来呢……

夺得欧冠冠军对任何俱乐部的任何球员来说,都是一种终极荣誉,如果能跟家人一起共享这份喜悦,那感觉一定妙不可言。至少,我妻子克莱儿和我的两个孩子——9岁的亚伦和8岁的艾丽西亚——就一同见证了莫斯科这个奇幻的夜晚,唯一的遗憾是我最小的儿子——艾登还太小了,不太适合长途奔波。

我知道他们坐在距离教练席大约二十排的位置,比赛结束后我当然很想让他们下来,但起初有些犹豫,因为这样做多少有些异想天开。可后来,我看到范德萨的儿子都跑到球场上来了,于是我招呼两个小家伙儿也赶紧过来,很高兴最后我下定了决心,因为对两个孩子来说,那实在是一次难以置信的经历。

亚伦当然最喜欢曼联了,他绝对算是狂热粉丝,大多数比赛他都看过,对俱乐部的一切都如数家珍。克莱儿告诉我,亚伦在我们对阵切尔西的120分钟比赛里,一直在纵声高歌,还与球迷一起高声呼喊。他喜欢所有曼联的歌曲和小调,整个人都很投入,像着了魔似的。也许是因为我一把将他抱起的缘故(上图),他的样子稍显尴尬——我猜,当众人关注的焦点聚集过来时,他跟他老爸一样,也会显得害羞腼腆——但实际上,他是很开心的。

艾丽西亚也是一名曼联球迷。她那天晚上也很开心,多年以后,她们也一定会十分珍视这些和奖杯合影的照片。至于克莱儿,她没下来。大致说来,太太团不会到球场上来——那毕竟还是有些太尴尬了!

13 血与战利品——记莫斯科之夜

▲ 照片里的场景并不常见——因为我戴上了队长袖标。这是我们在2007年曼联巡回之旅时,在日本埼玉县对阵浦和红宝石的情形。我之所以"越俎代庖",是因为真正的队长人选并未上场比赛。

事实上,我天生不是当队长的料。我从来就不具备一名球队队长的性格,从上学时就是如此,之后也没改变。有些人天生就是领袖,甚至人们能够"七岁看老",知道他们长大了必成统帅之材。布莱恩·罗布森、史蒂夫·布鲁斯、罗伊·基恩、加里·内维尔就属于这种人,但我就不太适合队长这个角色了。作为队长,你必须拥有话语权,而我天生就喜欢安静,不爱说话。我宁愿站在一边,远离镁光灯。我并不想发号施令,宁可只当一名冲锋陷阵的小兵。

我猜,在我职业生涯末年,爵爷觉得,如果往常的队长人选不在场,那就应该把这一职责放到某位德高望重的俱乐部老将身上。听到这话我很高兴——甚至都有些释然了!

14

2008/2009

双料帽子戏法和一次响亮的教训

  回首 2008/2009 赛季的欧冠比赛，很容易叫人感伤，因为我们的成绩并不理想，当时瓜迪奥拉治下那支才华横溢的巴萨远胜于曼联，罗马之夜留给我们的，只有心碎和失望。虽然不能一股脑地将欧冠决赛失利抛诸脑后——毕竟世界上任何一家俱乐部在面对梅西、哈维、伊涅斯塔这样的顶级球员时，或多或少都会有所收获——曼联在国内赛场中的表现还是相当成功的。

  这一赛季，虽然我们也遭遇到了切尔西"金元豪购"的挑战，但我们还是成为有史以来，首支两度完成英超联赛冠军"帽子戏法"的球队，这是一个非常了不起的成就，我也把它看作是自己职业生涯的登峰造极之作。当然，这个赛季还有让人欣喜的地方，因为我第一次收获了联赛杯冠军奖牌，不过在温布利对阵热刺的决赛中，我们还有很多值得改进之处。

▼ 2008年夏,曼联南非之行里,我有幸能够执教这帮十二三岁的孩子参与开普敦乡镇足球联赛,这让我感觉非常开心,不论何时何地,只要是能够与对足球如痴如狂的年轻人欢聚一堂,都绝对是振奋人心的经历。我们当时做了体能锻炼,然后是有球训练,接着唱了歌,最后来到了问答环节,从中,我看出了他们对足球比赛的热爱,还注意到他们非常了解曼联,了解程度甚至有些出乎我的意料。

我为这些男孩女孩的球技水平感到高兴,他们花了大把精力,全心投入比赛,才取得了这些成绩。因此,我们有必要鼓励孩子们,多多参与户外活动。

在这里,似乎他们享有一整套良好的设备设施和后勤支持,但这种情形只是凤毛麟角。有时,在我们的旅途中,也曾遇到过赤贫的人。对比我们的孩子得天独厚的条件,我真心感到很难受,但是看到那里的孩子不断克服困难,努力成长,我心里又深受鼓舞。最让人感到惊讶的是,不管我们去到哪里,不管那里的人们生活水平是何其低下,我们见到的所有人对未来都保持着积极乐观的态度,他们载歌载舞,无时无刻不在欢声笑语。这对我们自己的生活态度无疑也是一种启发。

▶ 这个"勾肩搭背"的姿势极具象征意义，因为弗格森爵士不论是在我心中，还是在其他通过层层选拔、跻身曼联一队的成员心中，都有如父亲一样。多年以来，我们从他身上获益匪浅。哪怕是布莱恩·基德和埃里克·哈里森在我们童年时的教诲，归根到底，源头都来自于弗格森爵士。如果你在场上或是场下遇到了难题，你都可以跑去询问爵爷的意见。他对球员的家庭事务尤其通情达理，总会让你抽出时间，好让你解决问题。

当然，这份关系是日积月累的结果。第一次见他时，我才12岁，而现在都过了25年了，我已经37岁了。那么，这其中有什么变化吗？好吧，可能是我现在不那么怕他了！别会错意，要说害怕，我还是有些害怕的，追溯到读书那会儿，看着他满走廊地追着你跑，那可是相当恐怖的。爵爷名声在外，绝对是我躲得起就一定会躲的人！

可之后，我长大了，也就明白当初他那么做的原因了。偶尔他也会询问老球员的意见，虽然次数不会太多。有时他必须要处理全队上下因为成绩糟糕而产生的低落情绪。当然，就算他听取了我们的意见，也许他还是会照着他的最初设想行事。

主教练的一大优点就在于激发球员潜能。如今，曼联阵容强大，如果一个球员整个星期都在训练中表现优异，那么他有理由相信，自己能够出现在周六比赛的首发阵容里。可当你去看数据时，你会发现并不是所有人都能上场比赛，有时甚至连板凳都坐不上。在这种情况下，很难让球员产生动力，但我们的主教练偏偏就有这股魔力，这也是他的厉害之处。

▲ 足球有时是不苟言笑的严肃运动,可照片里却是难得的暖心一幕。我正帮助博尔顿中场凯文·诺兰站起身来,我们都觉得此番场景有些好笑,只不过他的表情比我更能让人为之动容罢了。当时究竟发生了什么？没准是我一记铲断将他绊倒在地,但我们彼此都知道,他没受伤,于是也就没深究下去。

  我跟凯文并没有什么私交,只在足球场上见识过他的英姿,但我知道,他既是一名优秀的球员,也是一位值得尊敬的对手,因此我也乐意见到这种颇具喜感的时刻。不管别人怎么想,我不是那种向对手发飙的球员,而且我也十分遗憾,足球比赛中的那种赏心悦目的时刻越来越少了。因为在当今的足球世界里,商业气息越来越浓了。每个人都变得极其"职业",好似大家伙儿都成了机器人一般,毫无感情地在草地上跑动碾压。足球场上的优雅再难寻觅,如今,没有多少球员是为了纯粹的快乐而上场比赛了,多么叫人感伤啊！

▶ 这是卡灵顿某天下雪时的景象,而我捏好了雪球,搜索着下一个不幸的"受害者",准备往他脑袋后面来上这么一发。不过,这人肯定不会是爵爷,绝对不会！我又没吃熊心豹子胆！从我脸上的表情可以看出,摄影师更像是那要倒霉的家伙。

▼ C罗是我见过的最棒的球员之一，而我也绝不会忘记他在曼联的光辉时刻。不过，照片中的他也让我难以忘怀——随遇而安的队友，天生的幽默大师，逮着机会就会开人玩笑。图中，他显然不是在跟我的帽子过不去，虽然我敢肯定，他对我的帽子觊觎已久，很是嫉妒。不过在这里他应该是在取笑别的什么人，可能是在嘲笑他们的穿衣打扮吧。

C罗身上还有一种品质相信大多数人都没有注意到——那就是他的职业精神。他为我们做出的贡献无须赘言，现在他也在为皇马争夺荣誉。我们都知道他天赋异禀，才华横溢，但他对待工作时的态度也是至臻完美，每天都在刻苦努力。他总是在练习球技。当然，他还是一名了不起的运动员，一个真正的硬汉，不断地做着健身运动，还总是在加量。此外，他也是个自信心爆棚的人，不论场上场下都是如此。

因为C罗长相英俊，年轻有为，一副无忧无虑的样子，所以很多人认为他在曼联的时候像个花花公子一样，但印象和真相之间相差十万八千里。他的生活从来都不高调，他对工作全情投入，而且也收获了回报。

他也曾苦练英语，这也算是帮助外籍球员适应球队的一大方法。起初，他进展得并不顺利，但他总是一有机会就说英语。我猜，跟我对话一定锻炼了他的语法和词汇，这是没得说的！

▲ 有时,你能够随心所欲,完美地击球射门,让皮球径直飞向对方门将把守的城池。但又一次,我磕磕绊绊地进了这脚球,当时是 2009 年 1 月,我们在足总杯比赛中主场 2∶1 赢下热刺。

这是一脚接角球之后的直接打门,不过并不是那粒对阵布拉德福德的美妙射门(人们总是想方设法地让我牢记那一球)。球向我滚了过来,我尽全力压低角度,迈克尔·唐森同时向我滑铲过来,于是我稍稍拉了一下皮球。幸运的是,球弹在汤姆·赫德尔斯通身上,来了个变线,继而钻进了无人防备的球门死角。

这是我本赛季的第一粒进球,由此终结了此前的进球荒——我的进球效率降低充分显示出,随着年龄增长,我越发地安于防守型中场的角色——但更为重要的是,这球抵消了帕夫柳琴科为对手创造的一球优势,扳平了比分。球队当时处境艰难,不过还好,在我进球仅仅过去 1 分钟后,迪米塔·贝尔巴托夫再下一城,最终我们 2∶1 获胜。

▲ 这粒进球最像当初 2000 年时，我接贝克汉姆角球，在布拉德福德打入的那记进球。不过时间来到了 2009 年 2 月，我们在老特拉福德迎战富勒姆，输送弹药的人换成了迈克尔·卡里克。我尽可能干净利索地凌空射门，但老实说，对方门将马克·施瓦泽兴许有点儿失望，因为他本可以扑出皮球的。当然，很可能在皮球穿过重重人墙后，他在最后时刻看到了球，但他守门的姿势太过紧张，因此皮球还是旋入了网窝。

　　这是自布拉德福德之后，我第一次用这样的方式破门得分——我没有把足总杯对阵热刺的那粒进球算入其中，因为我觉得那球多少有些勉强——这跟许多球队在我们罚角球时，开始在禁区外盯防我不无关系。我也曾有过几次不错的尝试，但都没有在山谷阅兵球场① 打进的那球叫人印象深刻。不过，这粒进球的时机非常关键，帮助我们率

---

① 山谷阅兵球场（Valley Parade），后获赞助冠名称为"珊瑚窗球场"（Coral Windows Stadium），是位于英格兰西约克郡布拉德福德的全座席足球运动场，布拉德福德城队主场球场。

先打破僵局,最终 3∶0 战胜对手,而反观对阵布拉德福德那次,球队早早就奠定了胜利的坚实基础。

▼ 一段时间以来,我都被视作球队的"前辈",但有一项技能永远不会随着时间的流逝而日渐生疏——那就是传球。2009 年 4 月主场对阵朴次茅斯的比赛里,我就给摆脱防守队员的前锋送出了一记长传,展示了一下什么叫作"宝刀不老"。还有一点值得一说,这也是我为曼联出战的第 600 场比赛。

人们总是把我跟通过长传发动攻势的球员联系起来,而我也在这上面花了好些功夫。进展顺利时,这门技艺能让你脱颖而出,但如果搞砸了的话,会让你变得愚不可及。我倒是喜欢多传出长传,但又必须为余下的比赛节省体力。随着年龄增长,你的脚下力量会日益衰退,但关键的技术底子还在,因此只要我能上场踢球,传出这样的皮球就没有任何问题。至于精准性则来源于日积月累的练习,当然天赋也很重要。

球迷似乎很欣赏照片中的这一幕,我个人也是如此。在前几年的时候,我的进球数量有所下滑,而这次算是一个转折点。能够成为进攻的发起点让我心满意足,而且我尤其感到庆幸的是,曼联总有出众的边翼和后卫能够接到我的传球。他们都知道,要是我拿到皮球而又找不到中锋的话,我会转而寻找他们。举个例子来说,要是我接到左路传球,我总会下意识地知道加里·内维尔游走于右侧边线位置。我们彼此信任依赖,这就是团队精神的力量。

▼ 每张照片都在讲述一个故事,而图中的曼联正面对着惨淡的战果。当时是 2009 年春,我们主场 1∶4 不敌利物浦,看看法比奥·奥雷里奥手舞足蹈、喜形于色的样子,再拿我的样子做对比,简直是再明显不过了。他面对西看台打进了一粒任意球,将比分改写成 3∶1,所以整个人都乐翻了天,之前维迪奇还因为这次犯规被罚下场。于是我一脸郁闷地寻思,球队看来是难逃厄运,注定要以一个难以想象的比分输给死敌了。我当时才刚刚上场 3 分钟,在离比赛还剩一刻钟的时候替换安德森上场。虽然我们当时的确有机会迎头赶上,但却并未扭转战局。

很奇怪的是,我们当初还曾领先对手,而且我觉得球队踢得也不算太差。你看看他们那天总共才有多少次机会?我们本可一帆风顺地拿下比赛。可是,最后我们只得暂时咽下失败的苦果,转而将精力集中在下一场对阵富勒姆的比赛上。很遗憾的是,之后的比赛我们又输了,不过那只是战斗失利,整场战争并未结束……

▲ 要是我足够诚实的话，我会说，在这场足总杯决赛的点球决胜环节中，曼联全队振臂欢庆的一幕中，既有胜利的喜悦，也有压力释放的解脱。2009年3月在温布利的这场焦点战中，当安德森漂亮地点射入网时，我们终于得偿所愿，斩获冠军。但事实上，能够力保0：0的平局，将比赛拖入点球大战，我们其实是相当幸运的。很长一段时间内，热刺一直占尽优势，他们的右边锋亚伦·列侬整个下午都在给埃弗拉制造麻烦。他们一次又一次地创造良机，因此，赛事最佳球员花落咱们的门将本·福斯特完全在情在理。

说来也怪，居然是我和吉格斯这样的老队员率先欢呼呐喊，向空中高高地挥舞拳头。好吧，要是安德森跟我们站在一起，我敢打赌，他一定是表现最为显眼的人。那家伙就喜欢热闹场面。当然，我们对他的点球技术一如既往地抱有信心，就像是欧冠决赛对阵切尔西时一样。而我两次都缺席了点球大战——爵爷真是明智！

◀ 对我来说，这一刻妙不可言。我喜欢在曼联夺得荣誉时，带上孩子一同庆祝。唯一让我感到失望的是，在我们莫斯科封王时，我的幼子艾登并不在现场。欣慰的是，当我们主场逼平阿森纳，进而问鼎2008/2009赛季英超冠军的时候，三个孩子都聚齐了。

亚伦、艾丽西亚和艾登三人很了不起，居然勇敢地出现在老特拉福德球场，在超过7.6万名观众的注视下，同又大又可爱的冠军奖杯合影留念。只不过，我觉得当初他们毕竟还只是孩子，也许得等到长大后才能体会到，能够拥有这次经历该有多么幸运。

还好，虽然我整场比赛都在板凳上度过，但一下午激烈的比赛还是在我们的庆典中画上了句号。我们仅仅需要1分来确保冠军，但阿森纳直到终场哨响起前，都让我们疲于奔命，汗流浃背。比赛的最后5分钟尤其惊心动魄，先是法布雷加斯不断制造险情，然后罗宾·范佩西的任意球失之毫厘……不过比赛最终0：0收场，之后，老特拉福德成了一片欢乐的海洋。

◀ 虽说加里·内维尔拿过8次，我拿过9次，吉格斯拿过11次，但只要是能够举起英超冠军奖杯，我们是无论如何都不嫌多！加里·内维尔在2011年2月退役，但我很庆幸，最后两个留守的老家伙此刻能和他一起站在老特拉福德更衣室的一角，手握这座意义非凡的奖杯耀武扬威。

三名老兵和战利品的合影。每一次我们赢得奖杯的夜晚都是人生中最美妙的回忆。我们都是土生土长的本地人,效力于挚爱的俱乐部,有难同当,有福同享,不论输赢都共同担当。我们的关系非常紧密,不论场上还是场下,都有如兄弟一样。当然,大家也会有私事,也会有孩子,也会惹麻烦,也会遭遇生活中的变故,可我们对彼此都很了解,推心置腹。

在更衣室里,我坐在保罗旁边得有15个年头了。住酒店的时候,我就经常去他那里串门,特别是最后几年,随着菲利普和大卫相继离开,次数会越来越多。飞机上我们也总是坐在一起。他是个非常了不起的人,值得一交,值得一起举杯畅饮,他身上总有一种不动声色的幽默感。但他也是个十分注重隐私的人,只和他信得过的人说话,就像是那种会在星期一突然告诉你,他将在星期天举行婚礼的人:"我周日要办件大事,你愿意过来吗?我要结婚了。"这就是斯科尔斯——从不会耍花腔,总是脚踏实地,安身立命。实在是个了不起的家伙!

——加里·内维尔

▲ 折戟欧冠决赛可不是闹着玩的,即便是你知道,终场哨响起时,在你身旁欢呼雀跃的是哈维这样伟大的球员也一样。对我来说,他是当时世界上顶尖的中场球员,能跟他比肩而立的,恐怕也只有他的队友安德雷斯·伊涅斯塔了。这也就是为什么,每当我听到哈维对我大加赞美,夸我的踢球风格时,我就会感到无上光荣。

毫不夸张地说,哈维和伊涅斯塔是他们球队传球的发起者,这是中场球员的终极任务。看他们踢球,既有超凡脱俗的传递,也有行云流水的跑动,绝对是一种享受——当然,前提是你没有跟他们正面交锋,没有像曼联在罗马奥林匹克体育场和他们争夺2009年欧冠归属时一样。

▼ 当我们等待接受属于失败者的奖牌时,瑞恩·吉格斯和我脸上的表情说明了一切。没有必要粉饰真相,我们只能举起手来承认,在这场意义非凡的比赛中,我们输给了一支表现更为优异的球队。对我们来说,罗马的那个夜晚,曼联和巴萨踢的不是同一个星球的足球,人们对我们的期待太高了,而我们又疲于奔命,远未达到最佳水平。

虽然我们心中交织着不可抗拒的失望沮丧,但这支球队仍有相当了不起的地方值得称赞。我们对巴萨没有一丝憎恨,他们的表现的确甩了我们几条大街,因此绝对配得上冠军荣誉。那天晚上,我大多数时间都待在板凳上,只在第 75 分钟,也就是球队两球落后之后才替补登场。在当时那个节点,除非奇迹发生,否则我们的命运已然尘埃落定。

但是,虽然我对巴萨赞赏有加,但他们并非不可战胜。有很多球队自知无力与巴萨争胜,索性就接受了失败的结果。但我们不会。其中的关键在于踢出自己的比赛,而不是被对手牵着鼻子走,因为你永远不可能在传球上超越他们。你必须知道,很长一段时间里,你放弃了控球率,所以就得更加稳健聪明地防守,寄希望于能够在球场另一头出奇制胜。不过,其他俱乐部豪门也应当胸怀大志,尝试着通过不懈努力,踢出巴萨的水准。事实上,巴萨也的确是我们追赶的丰碑。

◀ 爵爷眼里焕发斗志,双目炯炯,紧盯皮球——可别被他的笑容给误导了——2009年欧冠决赛之前,他和我正在一起训练传接球。

几年以前,他经常会同我们一起训练,参与半场演练——也就是在方圆8码的区域里,一方8名球员竭尽所能地抢夺皮球,另一方8名球员则想尽办法传递皮球。游戏规则是,大家伙儿都得一脚触球,如果站在外面的人皮球被抢了的话,他就得跑到圈子里头去抢球。

问题在于,爵爷总是拒绝抢球,如果皮球丢了,他总会怪罪其他人。老实说,他的左脚技术很不错,而且时不时还喜欢罚罚点球。没有人能扑出他的点球——好吧,也许我该说,没有人敢扑他的点球!

在照片里的这场游戏中,他肯定也想赢过我——可能我的确也放了他一马。不对!仔细想想,我当初肯定赢了他,所以才会在对阵巴萨的比赛中坐冷板凳……

除此之外,还有什么别的理由把他放在冷板凳上呢?这个傲慢自负的小家伙儿!居然敢让他的老板难堪?事实上,这让我想起了以前那个还能跑一跑,动一动的岁月。我是喜欢半场演练,但斯科尔斯说错了一点,球员们根本不让我去抢球,他们是害怕我叫他们洋相百出呢!

——亚历克斯·弗格森爵士

15

2009/2010

亲亲脸就可以了……

    2009/2010赛季激战正酣,春季比赛日对阵曼城的德比战里,我打入了绝杀球,保留了连续四个赛季染指联赛冠军的希望,因此加里·内维尔喜不自胜,一把抓住我,来了次"铁汉柔情"的庆祝。我相信读者都能够领会,从个人角度出发,我会说,那粒制胜头球比接下来发生的一幕更叫人赏心悦目得多!

    不幸的是,最终我们还是没能赶上切尔西,仅以1分之差与史无前例的英超四连冠失之交臂。但是,鉴于前一年夏天,接连送走了世界级球员克里斯蒂亚诺·罗纳尔多和卡洛斯·特维斯,所以我还是得说,大家伙儿的表现已经相当不错了。韦恩·鲁尼打出了个人最佳水准——当然,他未来一定能够更进一步,对此我不会感到丝毫意外——还有一群年轻球员也展现出了喜人的势头。而我呢?估计是要慢慢老去了……

◀ 我喜欢赛马日，尤其是能够跟如此多可靠的"内行"在一起。我们那会儿在坎普顿公园，时间是2009年9月。由于之前我们在莫斯科赢得了欧冠冠军，所以大家伙儿凑钱买了一匹名为"莫斯科八号"的马，虽然大家最后多少有些失望，但这匹马在赛场上的表现一向不俗。事实上，要说那匹马现在还能比赛，我也一点儿都不会感到惊讶！

我们现在又购进了一批新马，跟迈克尔·欧文的驯马师一起合养。大家伙儿都巴望着迈克尔不负其名，以他"行家里手"的名望助我们日进斗金。我们会经常询问他的意见，这里的他和以往足球场下的那个他一样，手里都拿着张《赛马邮报》，他管它叫作自己的"圣经"。

站在右边的是约翰·奥谢，他是我们的爱尔兰籍专家。以前他跟矿泉水公司有过赞助合同，所以掌握了大批情报，不过到头来，似乎也没起什么作用。照片当中与我们掂量商机的还有迈克尔·卡里克（图左）、约翰·埃文斯（奥谢身后），算是咱们"财团"的另外两员得力干将。

赛马的确能够消遣不踢球时的闲暇时光，只要一有机会，我也会拉着孩子们过来观赛。我的理想计划是每两周和家人聚一聚，但他们能够在踢球时每年来那么五六次，我也是相当幸运的了。我们跟爵爷也会热火朝天地谈论马匹，而他总是会告诉我们一些古怪的建议……

"红魔合伙人"，反正我们是这么称呼自己的，有几匹好马——"古巴""和平""古巴精神""古巴品质"——都养在迈克尔·欧文的庄园里，保罗则是咱们团队中非常热心的一个人。他非常了解行情，有几个研究农业的伙伴，而且足智多谋。他给的建议虽然不多，但绝对值得言听计从。

要想入行，你就得有一种幽默感。我们并不是什么大赢家，偶尔获胜就让我们大喜过望了，就像这张在坎普顿公园拍摄的照片一样。我记不清当时我们派了哪一匹马，只记得它并未获胜。

——约翰·奥谢

▼ 阳光普照，绿树葱郁，看着飞在空中的足球，我的脸上笑靥如花——难不成是上了天堂？不尽然。这里是卡灵顿，曼联的训练场，我们享受到了曼彻斯特的好天气，在此挥汗如雨。也就是说，从我嘴里，你是绝对听不到我抱怨工作场地的。

卡灵顿在曼彻斯特郊外，离市中心不过 10 分钟的车程，拥有一家现代俱乐部所需要的全套标准设施。不过既然是在郊区，这儿自然有开阔的场地，甚至马路上都能见到高头大马。除了在极端少数情况下，会有几个我不认识的人闯入之外，卡灵顿简直安静得与世无争，曼联球员能拥有这座训练场是何其幸运！

15 亲亲脸就可以了……

▲ 2009/2010 赛季，在所有对阵曼城的比赛中，我打入过两球。第一球出现在联赛杯半决赛次回合，当时我们坐镇老特拉福德迎战曼城，将总比分扳为 2 ∶ 2 平（早前客场我们以 1 ∶ 2 告负）。球是迈克尔·卡里克从禁区里头传出来的，然后我成功地赶在萨巴莱塔之前射门得手。起脚打门之后，皮球从他两腿之间穿过，对方门将吉文也没有太多机会阻止皮球钻入球门下角。不久，卡里克的进球让我们 2 ∶ 0 领先，卡洛斯·特维斯随后为曼城扳回一城，可最后，韦恩·鲁尼横空出世，打入绝杀进球，也是当赛季对阵曼城时，球队三粒绝杀进球中的第一粒，对曼城来说，这绝对是种心理上的打击。妙哉！

◀ 我在打入扳平一球后的喜悦即将和达伦·弗莱彻一同分享，后者是曼联近些年来表现最好也最稳定的球员之一。职业生涯初期，他也曾遭人诟病，但性格刚强的他挺过了层层难关，很好地处理了人们的批评，展现出了坚韧不拔、兢兢业业的精神。在对阵我们的几个死对头时，他的表现尤其高效，这也是一个非常有用的品质，因此他配得上 2011 年的一纸长约。我希望，他能克服去年秋天的伤病影响，那次伤病严重阻碍了他的发展。

达伦还是个非常不错的小伙子。年轻时的他十分安静，不过现在开朗多了，经常开队友的玩笑。至于后续的比赛，我并未在温布利迎战阿斯顿维拉的联赛杯决赛中出阵，不过所幸球队最后还是成功卫冕了。

　　保罗·斯科尔斯为许多步入职业道路的年轻球员树立了一个榜样,他对采访访谈什么的不感兴趣,他就是喜欢保持低调。结果就是,很长一段时间内,只有那些慧眼识珠的人才能意识到,保罗是一名多么伟大的球员。大多数情况下,我们都在谈论跟他交锋过或是同袍征战过的球员,这样你才能真正领会到他出众的才能。因此,我一点儿也不感到惊讶,这些年来会有那么多世界顶级球员争相对他赞誉有加,保罗他绝对是实至名归。

　　如果非要找出一个他没有获得任何个人顶级奖项的原因,我们只能说,都因为他太不爱出风头了。要是你看过数据,并且设想一下他在球场上的情形,你会不由自主地认为,他理应成为提名欧洲和世界年度足球运动员的常客。我对他所取得的成就充满敬意,同样对他谦逊低调的性格推崇备至。不论从任何角度来说,斯科尔斯都是一个让人仰望的人。

——达伦·弗莱彻

▲ 这个球堪称有史以来我最糟糕、最侥幸、最具戏剧性的进球了。2010年2月做客圣西罗迎战AC米兰的欧冠比赛里,达伦·弗莱彻从右翼送来传中,就在皮球朝我飞来时,我准备起右脚打门。我没准只是略微碰到了皮球,看似破门无望。但实际上,皮球打在了我的左小腿上,然后一发不可收拾地钻入了球门远角。

当然,亚历山德罗·内斯塔和其他防守球员都没有料到这一幕,而他们可怜的老门将迪达也完全束手无策。没错,是挺尴尬的,但是在这场对阵米兰的重要比赛里,老实说,你并不在意皮球是如何入网的。你能做的,只有夜以继日地训练,不断磨砺技巧,然后在比赛前确认护腿板绑在了正确的位置上,等着迎接皮球……

▼ 照片中的罗纳尔迪尼奥说了些什么?"起身吧,斯科尔斯先生"?呃,我对此表示怀疑。更像是他对我犯了规,然后在帮我站起身来,或者他在说我刚刚打进的那球很幸运什么的。告诉你吧,如果我用支撑腿打进的那球"幸运"的话,那他首开纪录的那球又何尝不是?他那球可是在迈克尔·卡里克身上反弹变线,这才攻破了范德萨把守的大门。

我们那天晚上表现优异,甚至配得上比3∶2更大的胜利。不过,我们并不抱怨只在米兰身上打包了区区三球,要知道,我们过去没少在他们主场碰上麻烦。

曾有一段时间,罗纳尔迪尼奥和曼联走得相当之近,甚至我们都翘首以盼,等着他加盟。但他最后选择了巴塞罗那,也许是觉得西班牙的生活方式更适合他吧!或许是听到了些有关曼彻斯特降水量的谣言!假如他在曼联的话,一定会如鱼得水的——毕竟他是个乐观开朗的人,脸上总是挂着一副大大的微笑,像极了德怀特·约克,没有一星半点儿坏心肠。

▶ 我们共同经历过,也共同成长过,所以,在类似曼联做客 AC 米兰如此重要的比赛里,跟大卫·贝克汉姆同场竞技的确是有些奇怪。但是自始至终,球赛永远要排在个人情感前面,你也必须适应这一点。不过想必对大卫·贝克汉姆而言,这点尤其艰难,因为他一直以来都是曼联的痴心球迷,同时也是曼联的传奇球员。照片中的他刚刚将我铲倒在地,然后扶我起身,确认了一下我没有什么问题。他就是这样一个人,不仅是一位顶级球员,为人也是超一流。

回望往昔峥嵘岁月时,我们其实是同一类人,都是在曼联开始职业生涯,只是后来各自选择了不同的道路。对原先一同共度时艰的 6 个人来说,我们从来没有疏远过。我们从未因距离原因而渐行渐远;我们会永远维系这份友谊,因为大家心中都有一份特殊的羁绊——这份羁绊是坚不可摧的。

也许这是我唯一一次将斯科尔斯铲倒在地——而我立马就向他道了歉!

——大卫·贝克汉姆

▶ 第二回合移师老特拉福德后,虽然我们当时都已经 3∶0 领先,大卫还是在比赛最后半小时才登场亮相,但他的表情看起来要比我高兴得多。他那会儿一定也想奋起直追，展现出一如既往的职业精神，但他心里也清楚，他的球队即将挥别欧冠征程。所以在这一刻，他友善待人，享受着重回曼联主场的感觉。而我呢，我这会儿可一副开不起玩笑的样子，因为，虽然我们比分领先（之后甚至还进了第四个球），但我依旧格外专注于比赛。这才有了图中斯科尔斯式的苦瓜脸！

我也许很难与贝克汉姆感同身受，因为我真的想不出，要是我在老特拉福德迎来这样一场重大比赛，自己居然还是在对方阵营，那时候究竟会做何感想？我知道他很不容易，但即便我跟他赛后有过短暂的见面，他还是得早早地和球队去赶航班了，所以没有机会与他交流他当时的感受。

大卫离开曼联时，正接近他职业生涯的巅峰，因此失去这样一名顶级球员着实叫人失望难过。但你必须接受，这就是足球，铁打的营盘流水的兵。瑞恩、加里和我幸运地成了例外，我们三人在同一家俱乐部坚守了如此之久。

> 在曼联度过了那么多美妙的岁月，我绝对没想到，自己居然要向这支球队挥手告别。虽然那天晚上我们输了，但能够重回曼联主场并且与我的老队友同场竞技，绝对是一次特殊的经历。球迷的表现也同样不可思议。
>
> ——大卫·贝克汉姆

▲ 这粒进球为我树立了一座了不起的丰碑,我本人对此也相当满意——因为它是我在英超的第一百粒进球,它是在2010年3月对阵狼队的比赛中打进的,更让人欣喜的是,这也是这场激烈比赛中的唯一进球。老实说,当我打入九十粒进球后,意识到即将破门入百时,心里总是战战兢兢,因此这粒里程碑式的进球总是迟迟未到。我在对阵西汉姆联的比赛里打入了第九十九粒进球,这都是3个月前的事情了,历经了无数次尝试和无数次失之交臂之后,似乎这第一百粒进球像是中了邪一样,叫人可望而不可即。

在莫利诺克斯球场鏖战到第73分钟,这粒进球终于姗姗来迟。而我必须承认,那是一脚干净利落的进球。我在禁区内得球,然后晃过前来封堵的防守球员,一脚劲射将球打入球门下角。

更美妙的是,我儿子亚伦当时也在场,他和他外公都来现场看球了。作为一名曼联铁粉,亚伦对俱乐部了若指掌——问问他过去3年内球队的任何一场比赛,他绝对是对答如流,见微知著——所以,亚伦自然也明白这粒进球的意义。他现在读高中,所以我们也同意,只要旅途不算太远,他就可以去看看曼联的客场比赛——比如布莱克浦、威根、布莱克本、莫斯科……好吧,他那天晚上估计得很晚才能安睡了,不是吗?

▶ 第一个跑来庆祝我英超百球的人(而且,更重要的是曼联领先了)是迈克尔·卡里克,他堪称球员中的劳斯莱斯,我喜欢跟他一起踢球时的感觉。他拿球时动作潇洒,拥有作为一名优秀中场的一切身体素质,而且人也很有修养,是个悠闲随性的人。

他的传球精准不凡,不过他还有一项特质,能在悄然之间发动球队攻势,清楚地观察比赛的变化,并用那双大长腿进行拦截抢断。他的射门技术也很棒——正当我们 2009 年争冠的要紧时刻,他在对阵威根的比赛中打入了关键一球,并且在 7∶1 战胜罗马的比赛中也进了球——不过,他仍然保持着一副不爱出风头、不装腔作势的作风。

而且老实说,不论是场内场外,迈克尔都是一个表里如一的人。从本质上来说,他是一个镇定自若、谦虚谨慎的家伙,不会

花太多时间抛头露面。他深居简出,不常出席采访,有时候甚至成了无名英雄。不过,就算他没有在球迷和媒体中得到应有的赞誉,俱乐部上下和足球圈内人士都对他赏识有加。他是另一个在 2011 年与曼联续约的球员,绝对配得上这份合同。

　　能跟斯科尔斯踢球并从他身上学到东西,绝对是最终极的享受,你可以学习到他是如何照料自己、如何处理比赛、如何寻找空当的。并不是他有意在教我,而是因为,他着实是我遇见过的最优秀的球员了,自然而然地就能从他身上择善而从。从个人层面来说,我跟他私交甚好。他是个简单朴素、很接地气的人,把家庭看得比什么都重要。他不过是在享受生活,享受足球罢了,这点和我很像。不过,他的幽默感则完全是另一回事了。他总喜欢时不时说些精辟话语活跃气氛。他能用一句让人拍案叫绝的评价把别人说得五体投地,而每当他说完,没人再敢开口。

——迈克尔·卡里克

▼ 你也许会说,在一个阳光明媚的春日下午,吵吵嚷嚷还用手指指着对手可不是个礼貌的行为。但在2010年4月对阵布莱克本的比赛末尾,我还是没能控制住自己。惹毛我的家伙是文森佐·格雷拉,也就是对方的澳大利亚中场。我当时觉得,在身体接触之后,他居然是一碰就倒,太不像话了。即便如此,看到照片中的自己竟是如此怒不可遏,还是让我惊讶不已。我猜,是因为挫败感把我的情绪无限放大了。因为当时我们正处于争冠关键时期,亟须一场胜利,但球队错失了好几次机会,比赛似乎不可避免地即将以0:0告终,我们很难接受这样的结果。

我当时在说什么?肯定不是邀请他当天晚上一起出去喝杯酒!与此同时,瑞恩·吉格斯似乎想要置身事外,不理会我这个无礼的举动——"斯科尔斯这家伙在搞什么鬼呢?"

▼ 2010年4月,我在客场对阵曼城的德比战中和卡洛斯·特维斯纠缠在了一起,整场比赛也注定是在这种混乱无序中结束。许多曼联球迷在卡洛斯离开俱乐部后感到难以接受,因为他是一名令人振奋鼓舞的天才球员,球迷也喜欢他在每场比赛中拼尽全力的干劲儿。我也为他的离去感到遗憾,尤其是,他居然投靠了曼城。抛开他当初闹得满城风雨的私事不说,他完成了球队对他的预期,而且还做得相当出色。但我知道,在贝尔巴托夫加盟以后,特维斯的首发场次受到压缩,因此才会萌生去意,最后做出离开的决定。

卡洛斯是一名极富感染力并且活力四射的人。我们从前在更衣室的位置就挨着,之后更是关系融洽,但在此之前也曾有过一段小插曲:他初出茅庐的时候,还在博卡青年队效力,我们曾在球场上狭路相逢过,当时我铲了他一脚,后来他居然把我称为"屠夫"。想想看他当时那副嘴脸吧!但自从他加入曼联以后,我俩还算处得来。我们彼此竞争,在训练场上也曾兵戎相见,但是,虽然存在语言障碍——好在我们不会一起讨论什么哲学问题——我们也会为彼此的踢球风格而互生敬意。从一名创造型中场的角度来说,我发现跟他踢球简直如梦似幻,因为他总是在不知疲倦地奔跑,渴望拿到皮球。他也总是能够找到空当,我俩也是心有灵犀。所以,卡洛斯·特维斯离开以后,我还怪想他的。

▲ 这一刻，拥抱我的只有纯粹而又自然的喜悦。2010年4月，在一个周六中午的明媚阳光下，在曼城主场补时阶段打入的这粒头球堪称我最为得意的进球了。

我知道，两年前对阵巴萨时打进的那粒远距离头球意义非凡，是它让我们得以晋级最后的决赛，但那纯粹只是一种成就而已。这一次，作为一名曼联球员，能在对阵曼城的比赛里打入绝杀，绝对是一种难以媲美的感受。这时候的曼城开始挥金如土，做起了跻身豪门的黄粱美梦。

那天，我们表现尚可，没有特别出彩的发挥，但眼看要在争冠路上丢掉关键的两分了。接着，在比赛的最后一刻，埃弗拉从左路传中，我不知从哪儿铆足了劲儿，奋力冲刺到了对方禁区里头。埃弗拉的传球并没发力，因此我必须加上自己的力量，于是往前腾空探身，用力将球甩向大门。在这种情况下，我不会有意瞄准角度，只是让皮球往大门目标飞去，还好最后皮球不偏不倚地洞穿了吉文的十指关。作为一名红魔球员，没有什么比这更美妙的感受了。

▼ 我正转身准备庆祝进球，与此同时，欢腾雀跃的贝尔巴托夫也是喜不自胜。我不知道他是从哪儿学会这种舞步的，但我敢肯定，一定不是在索尔福德！

▶ 出来混，迟早是要还的。绝杀曼城之后，高兴过了头的我"付出了代价"。加里·内维尔一把抓过我，给了我深深一吻，第二天，报纸头条、互联网全让这张照片给淹没了。我必须承认，我经受了很多误解，甚至我自己的孩子也对此颇为不解，但老实讲，我不介意。我们当时都很开心，我也觉得，这张照片很好地表现了加里对那场比赛的重视程度，以及绝杀对手之后，他大喜过望的程度。

不过，我要说的是，我俩肯定没有想到一块去。毕竟，是他跑过来吻我的，而我哪怕连亲他一下的念头都没有。要是我早知道他会整这么一出，很可能会老老实实地待在球场另一头不跑回去了呢，至少不会把脸颊迎向他……可他根本没给我任何时间。我还以为他只是想说些什么类似"干得好"之类的话呢，可下一秒，他居然朝我递来双唇。说我们古怪还是什么？不过我不在乎——毕竟这完全是一时心血来潮的举动。我敢肯定，他此番举动并非源自冰冻三尺般的积习。至少，我希望不是……

在球场上，我是一个令人难以置信的性情中人。而当曼联在比赛最后一刻绝杀曼城，尤其是当我们重燃争冠希望时，那真是妙极了，还能有比这更伟大的时刻吗？我们当时都很高兴，而且保罗又是我的好朋友，于是我就这么给了他一个吻。

这并不是早前计划好了的，我向你保证。我们赛后甚至都没跟对方提起这回事。没人看到当时这一幕，但还是有个摄影师捕捉到了这个瞬间，之后三天时间里，报纸上全都是这张照片。我觉得自己能理解这其中的原因，因为我俩看起来太亲密了——绝对是为足球场上的激情增添了一层全新的含义！

告诉你吧，回家后我给一个朋友打了通电话，他告诉我说："我不怪你。没准我会比你还过火，我当时真有那么开心。"所以你没准要说，保罗当时算是走运了的……

——加里·内维尔

16

2010/2011

19次联赛夺冠——该退役了

结束了又一个激烈的赛季之后,曼联夺得了第十九个英超顶级联赛冠军——由此一举打破利物浦长久以来保持的纪录——但却在温布利的欧冠决赛上被迫跪倒在瓜迪奥拉治下的巴萨面前,于是我做出了一个重要的决定。

我的身体很明确地告诉我,到了36岁的年纪,是时候急流勇退了。爵爷则善意地安慰我,说我还能再踢下去,只是出场场次会有所减少,但我觉得这并不是自己的作风,所以选择了退役。

不过,这也并非不可更改……

◀ 我正跟范德萨饶有兴趣地交流。他是我见过的最为伟大的守门员之一。他总是有话可说,在球队会议上直抒己见。作为一名球员,他似乎更能适应年岁的增长,这点很了不起,因为他是俱乐部里为数不多的比我还要年长的现役球员。

当他还在富勒姆踢球的时候,我从来就不认为自己能进他的球,因为在门柱之间的他,简直有如庞然大物,坚不可摧。单单他这身板就足以把球门封堵个滴水不漏。他不仅守门功夫了得,大脚开球也是可圈可点,因为他来自荷兰这个人人都在精进自己球技的足球国度。年轻的时候,在阿贾克斯的他一定没少锻炼脚下功夫,这就为他之后的职业生涯奠定了坚实的基础。

我们一直在游说他收回退役的决定,但范德萨是个言出必行的人。他的状态还很出色,我敢肯定他能这么一直踢到44或45岁,但他还是在2010/2011赛季结束后选择了退役,所有人只得尊重这个决定。

我很享受跟保罗聊天的感觉,我们身上有很多共同点。他不爱抛头露面,之所以能发现这一点,是因为我也有点儿像他。总有人琢磨不出为什么要时常与媒体打交道。毕竟,你来这儿只是为了在球场上做好本职工作,这就已经足够了。

保罗对待工作相当认真,他拿球时从容冷静,年轻时还斩获了多粒进球。当我还在荷兰和意大利踢球的时候,很多人都会关注曼联,当你问他们谁是曼联最优秀的球员时,很多人都会回答是保罗·斯科尔斯。他做的很多事情,看似简单,实则困难重重。他总是能立马控制住皮球,紧接着一脚传球,让比赛流动起来。他的传球精准到毫厘之间,善于寻找空当,然后传出精湛的直塞球。所以,当听到全世界有如此之多的顶级球员对他赞不绝口时,我一点儿也不感到惊讶。

未来,我相信如果他当真有心,那就一定能够成为一名成功的教练。"教练者,传道,展示,指导也",而没有什么是保罗所展示不了的。这已经是个非常了不起的开始了。

——埃德温·范德萨

▶ 当吉格斯在我们主场迎战纽卡斯尔的赛季揭幕战中打入一脚难度极高的凌空球时,他续写着一项了不起的纪录——唯一一个在所有英超赛季都有进球的人。能够助他一臂之力,我也很高兴。这粒进球发生在比赛后半段,我们当时2∶0领先,随后皮球离我不远,而我下意识地知道——或者说是因为心有灵犀——瑞恩正朝纽卡斯尔禁区左侧冲刺。我根本就不需要抬头看(要是他没有出现在那个位置,我才会觉得不可思议呢),皮球就这么落在了他的位置,于是他美妙地将其送入远角。对瑞恩来说,这一刻意义非凡,能在揭幕战立下这么一座丰碑,我也着实为他感到高兴,而且我也敢肯定,之后的数个赛季里,他也一定能够续写这段传奇。

和我们一同庆祝进球的是贝尔巴托夫,他在比赛稍早的时间里就打入了一球,之后的场次也是斩获颇丰,第二年春甚至已经打入了二十来粒各项赛事进球。因为他生性就是轻松愉悦的人,所以有些人认为他工作起来并不刻苦,但我敢打包票,贝尔巴托夫的工作态度绝对没有问题。他速度快、身体强壮,不过最让人印象深刻的是,他能够出其不意地将本来不是机会的机会转化为进球。他身上有点儿坎通纳的影子,总能做出令人匪夷所思的拿球动作。至于性格嘛?他也跟大多数中锋一样——只要能进球,他就开心自在。

  我俩这次配合是多年以来一起踢球时产生的默契。保罗甚至可以头都不抬一下,就知道我在哪里,需要一个什么样的球,传球力道该是大是小。他知道我不会操之过急,而是静候时机,总之我就是知道他能够找到我。真是完美!

——瑞恩·吉格斯

▲ 这是我第五百次为曼联一队出战,而能够以一粒进球作为纪念,我的内心狂喜不已。但我可以手搭胸脯发誓,我脸上快乐的表情是因为进球帮助了曼联领先富勒姆,而绝非个人的功成名就。我要感谢安东尼奥·瓦伦西亚和迪米塔尔·贝尔巴托夫助我一臂之力,让我能在 20 码处劲射入网。

照片中,向我冲过来想来个拥抱的人是埃弗拉,在经历了一段短暂的适应期,尤其是那场曼彻斯特德比的洗礼后,他成了曼联又一大惊人的发现。他在不断观察,不断学习,摸索出了在英格兰联赛踢球的要求,由此一跃成为世界上最好的边后卫之一。他个头很矮小,很多人甚至觉得他很好对付,但他抢断时力道十足,满场飞奔,助攻能力上佳,而且几乎不怎么受伤。

很遗憾,做客克拉文农场球场的我们晚节不保。比赛末尾阶段我们还以 2∶1 领先,但纳尼罚丢了一粒点球,没过多久,布雷德·汉格兰德就绝杀扳平了比分。

▼ "还有两分钟吗?裁判?"在看到照片中的手势以后,这是我唯一想得到的解释。时间回到 2010 年 9 月,做客古迪逊公园球场的我们迎来了一场形同灾难的比赛。伤停补时头 1 分钟,我们还以 3∶1 领先,大家都在期待一场胜利,可当终场哨响起时,我们却被埃弗顿 3∶3 追平了。主队甚至还有一次绝妙的机会实现一场惊天大逆转。

这种事发生在曼联身上实属罕见,一般情况下,迎头赶上的都该是我们才对。唯一能够让我们保持乐观的是,当时联赛尚处于起步阶段,因此还有时间进行调整。问我爵爷的反应?你算是问到点子上了……

▲ 作为一名中前场,你必须时刻留意身边瞬息万变的状况,这一点十分重要。因此,不要只把目光盯在脚下的皮球上。当然,你也必须控制皮球,但你又得抬头眼观六路,随时寻找传球的机会,就像上面两张照片里所展示出来的一样。等我开始教练生涯的时候,我会尽力向队员们灌输这一点要求的。

  保罗总是拥有美妙的技术能力——他的意识、触球、传球视野都非常了不起。他踢球的时候,简直如同脑后长了眼睛一样。我有一个他的录像,并且经常会拿出来给其他队员观看,让他们知道斯科尔斯是如何在接球之前做到眼观六路的——我们将其称作"雨刮器式"的观察技术。他这项能力是我见过的球员里最为出色的,简直是万中挑一。从那以后,只要我有机会执教,就会让球员们观看斯科尔斯打比赛。这也难怪,就连齐内丁·齐达内也对斯科尔斯推崇备至——像他们这样的天皇巨星讲起话来可是相当有分量的。

——布莱恩·基德

▲ 我从未留过络腮胡子。照片里的这副样子算是到了极限——我的妻子开始抱怨不停，孩子们也会在我亲吻他们的时候叫苦连天。

　　坐在板凳上的我却显得格外高兴。虽然，随着年岁的增长，你必须清楚，今后打替补的时间会越来越多，而且你还得明白，要是为此而心烦意乱也是毫无意义的。

◀ 让我坦陈一点，2011 年 4 月足总杯半决赛对阵曼城时，我对萨巴莱塔的这脚铲断绝对有碍观瞻，为此我被请离出场。我在电视上看了很多遍回放，都觉得这球很脏，尤其是在我的鞋钉碰到阿根廷后卫腿上之前的那一瞬间，我的脸上居然露出了狰狞凶狠的表情。

但，我敢拍着胸脯说，我一点儿都不想用这种方式与他"针锋相对"。我并没有任何恶意，这次犯规纯属意外。当时球在我们两人之间弹得很高，而我只有扬起球靴才有可能够到皮球。对萨巴莱塔来说，情况也是如此，所以他的动作也跟我完全一样。但遗憾的是，我的时机没有把握对。的确慢了半拍，于是球弹走了，我挥到半空的脚也收不回来了，就这样蹬踏在萨巴莱塔的大腿上。至于我凶狠的表情，我只能说，每次做出争抢的时候，我都是这样一副表情。我很遗憾，萨巴莱塔因此受伤了，但细想一下，我还是得告诉所有人，这并不是一次有意的犯规。毕竟，如果我知道自己事后难逃吃牌厄运，为什么还要来这么一出？

裁判似乎别无选择，只有将我罚下球场，我对他的判罚也毫无怨言。就这样，我的周末算是毁了，大多数曼联拥趸的周末也算是毁了，想想就觉得自己心中有愧。事后，当时噩梦般的情景在我脑海中萦绕数天不散，但到最后，只有依靠自己才能走出这片阴霾。

对我们来说，那是一次糟糕透顶的经历。因为，在上半场错失多次良机以后，我们的发挥不如预期，然后就丢球了，似乎球队之后也是一副无力回天的样子。然后，我的铲断以及接踵而至的红牌，彻底葬送了扳平比分的可能。

但有一件事我得说清楚。这场红牌并没有左右我在赛季结束后做出的退役决定。爵爷曾经这么怀疑过，而我也跟他实话实说，让他安了心。我并不是那种一时脑门发热就做出决定的人，这次也不例外。

▼ 是我在说再见,不是他!我猜你也看得出,在倒数第二场联赛比赛与布莱克本打平之后,之前的紧张情绪顿时烟消云散,我们确保了联赛冠军。但是,当我在琢磨着接下来的退役事宜时,瑞恩却一丝退意也没有。他整个赛季的表现都相当优异,这次在埃伍德公园球场也不例外,他已经完全适应打中场的位置了。他具备踢这一位置的所有素质——踢边锋时他就掌握了许多技巧和诀窍,善于寻找传球空当,能抢断,也能跑能跳。我一直觉得这个位置简直就是为他量身打造的,他至少可以这样一直踢到40岁。现在想来,当初有些个专家还说应该找个小伙子来接替我的,他们是不是多虑了⋯⋯

▲ 这个场景很特别。当时我正随队走上球场准备迎战布莱克浦,在我前面的是时任队长埃德温·范德萨,这场比赛是他在曼联主场的告别战。座无虚席的球场里没有多少人知道,实际上这也将成为我最后一次在老特拉福德出场征战——至少我当时的确是这么打算的——只有爵爷、我的妻子和孩子们才知道我内心的决定。

我的感受如何?说真的,是有点儿难过。一想到再也不能走上梦剧场的草地披挂出战,我心里就非常难受。我内心中有一个声音告诉我,我应该马上宣布退役的打算,这样才能在对阵布莱克浦的比赛结束后同大家说声再见。但之所以没有这么做,是因为我明白,数月之后的个人颁奖仪式上我也能同大家告别。还有一个原因,当时欧冠决赛迫在眉睫,我不想让球队为此分心。

当我回过头去,看到球迷打出数字"19"时,我的心中感慨万千,它标志着我们打破了利物浦保持的顶级联赛冠军夺冠纪录。当天的比赛也很激烈,布莱克浦展现出了一流水准,虽然我为球队最后取胜感到高兴,但也为布莱克浦降级而表示遗憾。

说说我的退役吧。老实说,我只知道足球这一门谋生之计,而且仅仅只为一家俱乐部效力过,所以很多人认为,既然在老特拉福德驻守了20载(包括17年的一队生涯),那么做出离开的决定一定不是一件易事。从某种角度上来说,的确如此。我热爱这家俱乐部,球迷自始至终都待我很好,我也很适应这里的生活,我在比赛中的发挥也是惊人的出色。我每时每刻都觉得,自己是何其幸运,能在职业生涯中拼尽全力,能给家庭带来一个稳定的未来,能去看看外面精彩纷呈的世界。

可当我在2011年春季思考摆在我面前的选择时,如果我对自己、对所有人都做到了开诚布公的话,我就只有一件事情可做。我心里明白,到了该说再见的时候了。我已经36岁了,在大多数出场比赛的时候,我都感觉身体状况不如从前,我的双腿不再灵活,速度也慢了下来。虽说我一个赛季还能勉强打个三十来场比赛,但这样会让我觉得为球队做出的贡献十分有限。我知道,自己肩头上不会再承受破门得分的压力,但我就是甩不掉一个印象,那就是,作为曼联的中前场球员,能够时刻命中目标是一项必备素质。不仅如此,我觉得自己的助攻能力也不如从前了。

爵爷很宽心,他告诉我说,我至少还能再踢一个赛季,没准能踢25场到30场比赛。他并没有给我施压,他只是想让我确信,自己做出了正确的决定。但事实上,如果我选择留下,那我希望自己也能够出现在重要的比赛中。但我清楚地知道,到了这个年纪,事情怎能尽遂人愿?对我来说,如果你在球队阵中,那么就应该具备打首发的能力并且坚持打完90多分钟的比赛。遗憾的是,我有好长一段时间都没能达到这一标准了。我会不会去低级别的联赛？这个嘛，如果奥德汉姆要我，而我又四肢健全的话，的确会去试一试的。但我心里知道——当时这似乎是不容置疑的——我作为职业球员的日子算是到头了。

所以，到了该为将来盘算的时候了。我是真的对足球之外的一切一无所知，所以，即便是不再踢球，我之后的工作也得长期跟足球有关。所以，我下定决心，要一步一脚印地考取执教资格证。我希望，在老特拉福德度过了二十多载岁月，自己能够学以致用，帮助年轻队员成长。爵爷也邀请我加入曼联教练组，所以在做出退役决定之前，我就已经开始了执教生涯。我唯一的希望在于，有朝一日我能将自己长期受用的东西回馈给足球这项运动，而我也会不断精益求精，报答俱乐部一直以来对我的信任。我知道前路维艰，但我对足球依旧燃情似火，这点永远都不会改变。

▲ 我从来都不会在球队获得联赛冠军的集体庆祝会上感到厌倦,这天是联赛最后一天,我们在老特拉福德击败布莱克浦之后,获得了久违的冠军奖杯,虽然早前我们就已经锁定了冠军头衔。球队上上下下都出现在了这张照片上,所以我有机会将本书中从未出现过的人物一一介绍一番。

2010/2011赛季,我们阵中有一大批队员表现优异,其中,没有人能比朴智星更配得上这番赞誉。图中,他正处于中排靠左的位置,就在大声咆哮的托马什·库什恰克前面。自2005年加盟以来,朴智星为曼联做出了卓越贡献。他的球风朴素而不张扬,几乎无所不能,却又经常遭人低估。他可以满场飞奔,触球无可挑剔,比人们想象中更具侵略性,在重要场次的比赛中效率尤其高。在韩国,他受人爱戴,甚至有人对他顶礼膜拜——他在卡灵顿的个人信箱里总是塞满了球迷的来信——当然,在曼联他也深受大家欢迎。

跟朴智星很像,我们阵中还有另一位出色的球员,他从不怨天尤人,总是专注于自己的工作,这个人就是安东尼奥·瓦伦西亚,也就是照片右边穿25号球衣的那个家伙。恐怕你再也找不出这么优秀的运动员了,他拥有钢铁般的意志,极具上进心,技术出众。他其实是打右边锋起家的,但也能胜任后卫的位置,就像欧冠联赛对阵切尔西时,他在拉斐尔伤退后回撤成为右后卫一样。

笑逐颜开的安德森旁边坐着另一位激情四溢的"歌唱家"——哈维尔·埃尔南德斯。他是一位性格外向、乐观快乐的小伙子,总是笑脸迎人,善于活跃气氛。在我看来,他绝对是 2010/2011 赛季曼联最划算的买卖。同时,他也证明了四个字——天道酬勤。我从没见过比他还认真刻苦的球员。早上 9 点钟,他总是在健身房,提前一个小时为接下来的训练做准备;等训练结束,他又会花 1 小时时间做放松练习,接着又去举重。他这番勤勉付出,加上原本就令人惊讶的天赋才能,让他如虎添翼。球场上,他的表现总是叫人难以置信。同时也让他的锋线搭档轻松了很多。

照片正中央,脚下是冠军奖杯的那人,就是后卫克里斯·斯莫林了,作为一名曼联新援,他整个赛季的表现也相当优异。买进他也算是爵爷的大师级手笔——因为他的身价绝对有曼联最终成交价的两倍有余——并且,他有朝一日一定会成为顶尖球员。他是又一名惹人爱、谦虚安静的人,这也证明亚历克斯爵士懂得,在考量球员的时候,性格人品和球技一样重要。

再来说一说达席尔瓦兄弟,照片中他们在左边和鲁尼抱在一团——别问我他俩谁是哥哥,谁是弟弟,因为我连一点儿线索都没有!他俩的技术都相当出色,整个赛季发挥优异,而且注定能够成为曼联的顶级球员。如果在训练中,有人对他们飞铲,他们会火冒三丈,但他们自己也会时不时地来上一脚飞铲。总的说来,他们是一对欢快的巴西人,前途光明。

另一名顶级后卫是乔纳森·埃文斯,也就是环抱着朴智星和维迪奇的那家伙。看起来,他似乎身材苗条,但实际上他很壮实,而且很有天赋,甚至让我想起了年轻时的加里·帕莱斯特。他唯一的烦恼在于超越里奥·费迪南德和维迪奇这两座丰碑,但好在他还有大好时光可以加以利用。同样,需要面对这一问题的还有另一名爱尔兰人——达隆·吉布森,这会儿他正坐在安东尼奥后头。他具备成功的一切要素,后来他为了获得更多的首发机会,转会去了埃弗顿。我祝愿他和其他伙计们一帆风顺!

▼ 要是有人将图中瑞恩、埃德温和我的年龄相加起来,一定会吓一大跳的——照片里,我们三人在老特拉福德的更衣室内展示联赛冠军奖杯——因为这个算数的结果竟然达到了惊人的113！我必须先说一句,在三个人里面,我算是年纪最小的"宝宝"了。不过,没准还得再添一句,家有一老,如有一宝。瞧瞧,我们这不是又夺得了一座冠军奖杯吗？

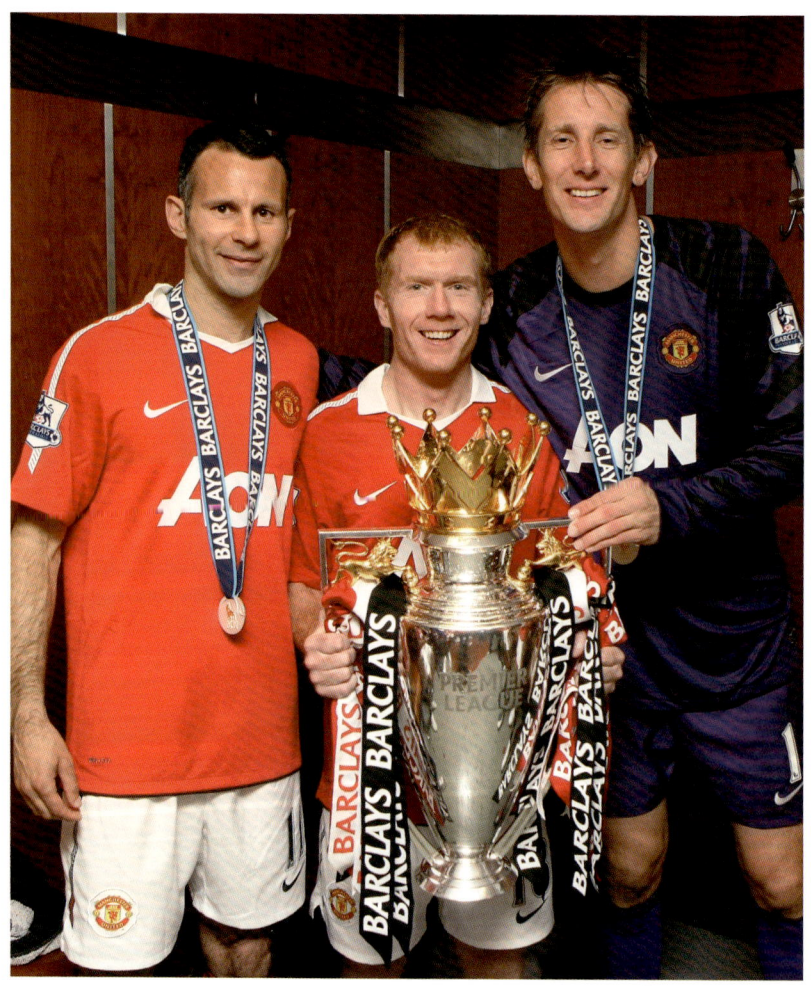

▼ 一张听说酒水减价供应,然后在"敬老院"拍摄的快照?才不是呢,看看站在最左边的人,他兴致高昂,正在思考着自己传奇生涯的下一篇章。至于其他人,也就是"92 班"成员,此刻则十分珍惜在老特拉福德更衣室重聚的机会,并且为加里·内维尔举行了一场纪念赛,对手是尤文图斯,时间就在欧冠决赛对阵巴塞罗那的前几天。

很神奇,瑞恩、尼基、大卫、加里、菲尔和我又能再度欢聚一堂,8 年过后首次再度并肩作战。不论场上场下,感觉都是妙不可言。从足球的角度来说,我们又找回了当初天衣无缝的默契,对彼此在场上的想法和需求心有灵犀。

就个人层面来说,赛后的感觉甚至更棒。比赛结束后,我们坐在一起,畅谈往昔的峥嵘岁月,最后才悻悻地离开球场。那感觉就像是我们从未分别,没有人想早早回家一样。这样的场面应该再重温几次。

▶ 问我该如何击败巴塞罗那？能不能换个问题……

如果你说这就是曼联在 2011 年欧冠决赛时的真实写照，那么我绝不会有任何质疑。从爵爷和我一筹莫展的表情以及束手无策的挠头举动中，你也许会觉得，这张照片拍摄于决赛赛后。但事实上，这是头一天在温布利球场训练时的照片，我们当时还真以为能够有机会举起这座奖杯。噢，好吧，真希望能从头来过……

◀ 当我在温布利大球场欧冠决赛最后几分钟从替补席上征召上场，跟这名无与伦比的球员——莱昂内尔·梅西以及他出色的巴塞罗那队友斗智斗勇的时候，我真以为自己的职业生涯已经开始倒计时了。那一刻，我们已经 1∶3 落后，比赛形势几成定局。不过，如果我们能再进一球的话，结局也许犹未可知……

我觉得，在我见过的所有队友和对手之中，最出色的球员非梅西莫属。他和齐达内、菲戈、里瓦尔多和罗纳尔多是一个等级的球员，并且注定将名垂青史。他就像个学校操场上踢球的小伙子，游刃有余地旋转变向，在近乎不可能的情况下也能控制住皮球。就这样，他打入了单赛季第五十粒进球——真的非常了不起！

▶ 我从来都不是个收集球衣的人,但当终场哨声响起,安德雷斯·伊涅斯塔询问能不能跟我交换球衣时,我非常乐意地答应了他,因为这对我而言意义非凡。他是我一直以来推崇备至的球员,毫无疑问也是世界上最棒的球员,与他同场竞技的每时每刻绝对值得珍藏一生。

不过,从我的表情可以看出,跟身旁的法比奥·达席尔瓦一样,在看到巴萨球员在温布利的草地上忘情庆祝时,我的内心其实是很落寞的。

◀ 脖子上挂着"失败者"奖牌的我,只能为巴萨鼓掌喝彩——而且我毫不犹豫地承认,虽然心有不甘,但巴萨却再度成了那支"遥不可及"的球队。如同两年之前的罗马一样,我们没能赶上他们的节奏,全场比赛只完成了一脚命中目标的射门,这的确很说明问题了。

他们的传球叫人如痴如醉——简直无与伦比。甚至让你产生一种感觉,哪怕你在中场布置六七名球员盯防,他们也能占据主导优势。你虽然知道他们的踢球策略,但就是没办法阻止他们。因为他们拥有自己的一套哲学:巴萨式哲学。他们恪守这一套哲学,不会因任何人而改变,为此你只能表示赞赏。

当然,输掉又一场欧冠决赛的确让人心情沮丧,但我们也要记住,我们对阵的是有史以来最好的一支球队。他们成了曼联未来发展的标杆——现在成了目标——而且我认为,在接下来的几年内,曼联也一定能迎头赶上。我知道爵爷一定会锲而不舍地努力将球队提升至这层水平,因为他从来都不惧挑战——而且,请相信我,他离退休还很远很远呢!

▶ 2011年8月,在同纽约宇宙队的激烈比赛过后,我作为职业球员的日子算是告一段落了。我很荣幸,能够与宇宙队足球总监埃里克·坎通纳以及俱乐部主席贝利先生一起见证这一时刻。

那是一个美妙绝伦的夜晚,我再也想不出更好的情形了。老特拉福德球场——这座我从16岁开始就形影不离的地方——座无虚席。我不仅打入一球,球队还取得了6:0大胜——简直完美!我唯一担心的是赛后演讲,还好我挺了过来,终于能够长舒一口气了。

我和球迷的关系一直非常融洽——他们的确很接受曼彻斯特本地人——而且他们给了我一个永生难忘的告别留念。我希望自己在他们心中留下了些许美妙的回忆,盼望以后甚至能有机会再续前缘。

赛前,跟我站在一起参与授奖仪式的依次为大卫·吉尔、埃里克·坎通纳、亚历克斯·弗格森爵士以及贝利。

◀ 能在比赛结束后同全家一起走上球场、挥手向球迷们动情告别,简直是一次不可思议的经历。之前,克莱儿发誓说她绝不会跟我们一同走上球场,但她最终还是反悔了,算是为我那个美妙的夜晚画上了完美的句点。通常,我并不习惯成为众人关注的焦点,但这一次却不同,因为作为一个曼联球员,最好的告别方式也莫过于此了。

我当时也很开心,因为纪念赛部分门票收入将用来帮助自闭症儿童。我由衷地赞赏这一善举。

17

2011/2012

我担心爵爷笑话我……

不可否认,我出人意料的回归所带来的光芒,在曼联于联赛最后一天痛苦地将冠军头衔拱手送给曼城后,黯淡了许多。但即便如此,我心中的满足感也不会就此退去,毕竟我做出了一个困难的决定——重返赛场——而且,这也是个正确的决定。

穿回战靴的想法一直以来就有,一度让我难以抗拒。但重返曼联并非我一个人一厢情愿就可以做到。首先,我得先跟几个信得过的人沟通一下我的想法,比如冷静的内维尔兄弟和迈克·佩兰,接下来,还得过爵爷这一关。哪怕只是想到要面对爵爷,我都会心生畏惧。要是他不再需要我了,该怎么办?如果他觉得我不过是一时心血来潮,该怎么办?更糟糕的是,万一他笑话我,又该如何是好?

◀ 穿起漂亮的新运动服,上头还有我名字的首字母,我准备好开始在曼联的执教生涯了。可在2011年秋面对镜头的我并不知道,我为预备队教练沃伦·乔伊斯担任助教的时间并不长,圣诞节结束以后就没再干下去了。

事实上,沃伦是个了不起的人,和我共事的其他人也都非常优秀。我没有做很多的教练工作,只是跟队员们一起训练罢了,给他们做示范,然后告诉他们,作为一个曼联球员应该具备哪些要素。

与此同时,我每天都感觉身体越来越好,很快我便技痒难耐,心中涌起了再度披挂上阵的念头。这也着实出乎我的意料,因为我并不喜欢看到在任何体育项目中,有人打破退役的决定,重返赛场。因为这似乎很难行得通,所以起初,我觉得如果自己也这么做的话,一定是在犯傻。

但是在卡灵顿,和年轻人一同训练并且看着所有老队友都在场上挥汗如雨时,又激起了我对比赛的兴趣,浑身像是再度被激活了一样,那种感觉真的妙不可言。赛季中期,曼联在中场位置遇到了些许难题,安德森和汤姆·克莱维利受伤,达伦·弗莱彻又染上了疾病,但即便是人们开始问起我是否会重回赛场时,我自己都觉得不太可能。

可是,我心中一直萦绕着这个念头,也知道机不可失,时不再来,现在要试的话,就得赶紧行动起来。于是,我跟内维尔兄弟沟通了一下,加里鼓励我去跟爵爷说一说心里话。他告诉我,要是我不去找爵爷,他就替我去找!

所以,我跟迈克·佩兰也聊了聊,他觉得我的主意不赖,没准还能提振球队士气。因此,那天早晨,我忐忑不安地敲了敲爵爷办公室的门。我真心害怕问这个问题,担心他笑话我,告诉我他已经不再需要我了,叫我别犯傻。但与此相反,他立马就提起了兴趣,赞同我的想法,指派我马上去找大卫·吉尔商谈具体事宜。

也许他会以为我疯了,因为他此前就告诉过我,我一个赛季还能再踢25场球。但我就是我,就是有这么顽固,就是觉得该适可而止、急流勇退。我当时认为自己上了年纪,该是退役的时候了,所以没有听从他的建议。

最终,这次转变给我带来了正能量。如果再给我一次重新考虑的机会,我会要求一个休假,好给自己充充电,补充体能。因为不久之前,我只能跟一部分员工一样,作壁上观,不能比赛——我很痛苦,根本不喜欢这种感觉。

虽然,我知道退役是早晚的事,逃也逃不了,但我却再度签下了2012/2013赛季的合约,至于后事,还是让我们拭目以待吧。爵爷说,也许这将是我踢球的最后一年了,但我最近汲取到了一个教训，那就是"永不说永不"……

▼ 在我面对惨淡的现实时，迈克·佩兰却找到了笑点——因为比赛进行到第 59 分钟时，我正准备替补换下纳尼，迎来自己在曼联的第二次"首秀"。当时离新年还有整一周，球队在足总杯比赛中，做客伊蒂哈德球场对战曼城。这是一场十分重要的比赛，但我都弄不明白自己在搞什么鬼，思忖着还不如在家看电视呢。但是，迈克就是忍不住开我一句玩笑，告诉我说："你重返球场，不就是为了这个嘛。"

　　我的"首秀"并不美妙。事实上，那天晚上真的形同噩梦，我上场还不到 5 分钟就失误了，劫下皮球的萨巴莱塔马上将球传给了阿圭罗，后者把比分追到了 3∶2。这让我们觉得不可思议，因为我们起初可是手握 3 球优势，对方还被罚下一人，虽说双方此后再无进球，但一场胜利反倒给了我们一场失利的感觉。虽然我也可以给自己开脱，说自己还未找到比赛的感觉。但上场之后，我依旧能感觉到自己满场飞奔时的满腔热情，也许夹杂着少许心慌，所以最后才会感觉筋疲力尽。但不管怎么说，也算是开了个头了。

◀ 这张图片证明了,老树犹有逢春时,我居然在曼城的比赛中"展翅高飞"——而且我当时还穿错了球靴,至少乔纳森·埃文斯是这么说的。当我做出重归赛场的决定后,我发现自己都没有一双称脚的球靴了,于是我去了趟商店。但是乔纳森说我买的鞋子太便宜了,够不上我这种级别,还取笑了我一番,但实际上,这双鞋很称我的心意。

我的"球靴顾问"很有理由为上个赛季感到开心。维迪奇重伤缺阵后,有些人很担心球队的未来,但乔纳森站了出来,每场比赛都有杰出优异的表现。

在对阵曼城的杯赛淘汰赛之前,几乎没有人知道我将重返赛场,爵爷让我像随队工作人员那样现身,就像在之前场次里"凑个数"一样。然后,我们登上球场,爵爷甩出了我这个杀手锏,震惊了不少人。人群登时爆发出雷鸣般的笑声,他们起初都不敢相信自己的眼睛,可赛后,他们又告诉我,没有人能在那种场合无动于衷。他们这是什么意思呢?

▶ 我起初觉得,自己再也不可能笑逐颜开地庆祝进球了。但我却在曼联3:0击败博尔顿的主场比赛中,帮助球队先拔头筹,于是我伸出双臂,张开"血盆大口",再度尽情欢庆。

我很意外,爵爷竟然会在我回归不到一个星期就给了我首发机会,但我还是得说,我那天的表现依然不尽如人意。并不是说我的身体状况出了问题,毕竟我比往常更加注重养生,每天都合理膳食,按时作息。因为我知道,如果到了这个年纪,还不谨遵书本的话，我根本没有机会重返球场。但我丢起球来还是太随意了，传的球也灵动不起来了，还花了超乎预期的时间，才找回了从前的洞察力。

跑过来向我道贺的是丹尼·维尔贝克，他可没有我这样的困扰。他很享受他的第一个完整赛季，表现也很完美。他的拿球能力出众，跟韦恩·鲁尼之间的配合也是相得益彰。虽然作为一个中锋，肩负着射门得分的重压，但他是个平静放松的人，对自己的能力很有信心。

▲ 也许直到复出后的第五场比赛,也就是 1 月 31 日,我们在老特拉福德 2∶0 击败斯托克城的比赛里,我才真正找回了曾经的敏锐嗅觉。至此之后,我看起球来才更加清晰,踢起球来也才更加干脆,这才有了在 4 月对阵女王公园巡游者的比赛中,我打入了这脚爆射的照片。最终我们在主场球迷面前 2∶0 取胜,交出了满意的答卷。我们全场掌控着比赛——但是,虽然无意冒犯马克·休斯的球队——比赛中,我们本应抓住机会争取更多的净胜球。但我们却没有达成预期,球队踢得过于松散,最终付出了沉重的代价。

▶ 眼见不一定为实。乍一看来,貌似我在 4 月末做客伊蒂哈德球场时,给亚亚图雷来了记飞铲,但实际上,我是马失前蹄,没有及时阻止后者的射门。最终球队 0∶1 落败。

那天对于我们来说很难熬。我们表现不佳，根本没有达到曼联的正常水准。好吧，我们防守端的表现其实很不错，但进攻端缺乏创造力，最后算是罪有应得，毫无斩获。

整个赛季结束，我觉得曼联在伤兵满营的情况下，已经表现得很好了。但是当我们发觉在联赛所剩无几时，我们竟然落后榜首达8分之多，因此也知道冠军头衔注定另属他人了。简而言之，我们搞砸了。

说说图雷，他是一名顶级球员。块头大，身体强壮，素质过硬，但同样能够踢出华丽足球。联赛第三十七轮，我们本来寄希望于曼城会在关键时刻掉链子，但图雷却在对阵纽卡斯尔的比赛中，一人独揽两球，充分展现了他超凡脱俗的才华。

▲ 为何如此一脸忧郁呢？我们刚刚在赛季最后一场主场比赛中击败斯旺西，但一两个小时之前，我们眼睁睁地看着曼城在与纽卡斯尔的比赛中取胜，因此照片中，我的表情就是球队感受的一个缩影。所以现在，曼城和曼联积分相同，但他们净胜球要比我们多，因此我们必须要在最后一轮比赛拿下桑德兰，同时寄希望曼城在主场对阵女王公园巡游者时大意失荆州。对阵斯旺西的时候，我们觉得冠军归属已成定局，但是我们还得继续比赛，而且，虽然看上去我们能够进六七脚球，以此向曼城施压，可斯旺西毕竟是一支优秀的球队，因此我们的设想没有成真。

联赛最后一天的情形如下:曼城在比赛末尾打入了制胜两球,一举拿下了联赛冠军,给我们一种好像是最后时刻让人从怀里抢走了奖杯一样。我觉得,要是他们5∶0取胜,我们的感觉反倒会好受些。但他们双杀了我们,而且还打进了更多进球,所以我不能说他们配不上冠军头衔。好吧,当时的现实很残酷,起初让人很受伤,但过了一两天之后,这种感觉已经散去,我又开始期待下一个赛季了。

重回峥嵘老路(次页)。我从没想过自己能够打上这么多场重要比赛(比如这次对阵利物浦),但我心中怀念的正是这种大场面——现在让我期待的是,在签订了2012/2013赛季的合同后,我还能打上几场这样的比赛。

虽然2011/2012赛季与联赛冠军失之交臂曾一度让我郁闷不已,但总的说来,我还是为自己重回赛场之后经历的一切感到十分开心。大家都很友善,说我为曼联带来了不一样的东西,虽然我也不知道他们具体指的是什么。但我相信,最有可能让曼联与众不同的是整支球队,例如,像阿什利·扬、菲尔·琼斯和大卫·德赫亚这样的新成员就为球队带来了正能量。我知道自己很享受重回赛场的感觉,如果同时还能够帮助到球队的话,那就太了不起了。

我并不会沉浸在统计数字里,不过有人告诉我,春天的时候,我代表曼联的出场数字已经超过了比尔·福克斯,只有两名球员排在我的前头。能够在俱乐部历史上赶超比尔·福克斯这样的球员,的确是一项了不起的成就,但我觉得自己没有时间赶上博比·查尔顿爵士了,更别提领头羊瑞恩·吉格斯了,因为他直到现在依旧不停地披挂上阵。

至于退役之后的日子? 好吧,我的确很享受跟曼联年轻球员一起工作的日子,但下次我退役的话——听起来有点儿怪,不是吗? ——没准,我必须要告别足球,将其抛诸脑后,甚至一段时间都不会去看比赛。我觉得我需要把踢球的念头彻底清除出大脑。如果我还在游移,还在训练的话,那不管我到了什么岁数,重返球场的冲动都会在我的脑海里萦绕不散。

这就是说,我想回到曼联的执教体系中,以此作为长久打算。足球是我的全部,而且我也想在个人生涯中更上一层楼,因此有天晋级主教练也未可知。想到自己能够管理一支属于自己的球队当然极具吸引力,但眼下,我甚至连白日做梦的资本都没有,也根本不知道自己未来会执教哪一家俱乐部。我并没有说这是我必须走的道路——喜欢这个想法跟付出实际行动完全是两码事——但谁又说得准呢? 我现在只专注于帮助曼联赢得更多奖杯——对此,我已经急不可耐了。

18

心之所向是为家

能够或多或少随心所欲地控制皮球,这是上帝赋予我的能力——虽然也不是次次都能顺心如意!——但它让我享受到了从未梦想过的生活。如果当初离开学校,去干别的什么工作的话,这种生活恐怕永远也无法企及。倘若当初没有选择足球,将会发生什么事情?我脑海里一点儿概念都没有,因为我从未想过这个问题。也就是说,我甚至都没有为未来的生活做过任何打算。事实是,作为孩子,我是无忧无虑的,我只是顺其自然,最终来到了曼联,想来真是不可思议、无比幸运!

但是,如果没有我的家庭,我的妻子克莱儿、我的儿子亚伦和艾登以及我的女儿艾丽西亚,那么,职业足球带给我的所有收获将没有任何意义。我们很满意自己的住处——曼彻斯特东北部的沙德伍兹边缘。我想在此引用博比·查尔顿爵士在有关他的纪录片中的一句话,他说:"我是个很幸运,很幸运的人。"这句话同样也概括了我的一生。

▲ 我的"红魔二代",这三个小家伙让我和克莱儿忙得够呛,但除此以外,我们也没有别的什么好忙了。我知道,我免不了要说说孩子们的好话,但我和克莱儿觉得他们的确非常出色,我们全心全意地爱着他们。年纪最大的是亚伦,今年都13岁了,他的妹妹艾丽西亚11岁,小艾登7岁。

▼ 克莱儿、艾丽西亚和亚伦身上都穿好了救生衣,我们一行泛舟去葡萄牙附近观赏海豚,这地方离我们家不远,也是我们最喜欢的度假去处,每年都会来。我们这次没有带艾登上船——因为他正忙着跟爷爷奶奶在沙滩上玩耍呢!

克莱儿和我相识在米德尔顿的一家酒馆,当时我们才18岁出头,也就是说,我们已经相伴了18年之久。我们在1999年喜结连理,她为我生下三个可爱的孩子,我们两人幸福无比。

她并不热衷足球,不过我觉得也没关系。有时候,我在比赛结束后回到家里,她竟然连我们的对手是谁都不知道。所以球场上的失意就不会在家里延续下来,我自己也能平复心情,从工作当中抽身出来好好放松。这点很重要,因为有时候如果我们比赛不理想,也许我会有好几天都闷闷不乐,但自从有了孩子,他们会帮助我排遣阴沉的情绪,不断提醒我生活的真谛。并不是说克莱儿一点儿都不关心我的足球生涯。大多数主场比赛她都会去,而且从未错失过重要场次,她只是没有那么热衷罢了。

她是个伟大的母亲,在我随曼联或英格兰国家队远征在外时,能够把家庭照料得妥妥当当。当然,我们也很幸运,她的父母就住在附近,也会帮我们料理些家事。这的确让我感到很轻松,因为每逢我出行在外,我心里都知道,克莱儿总能找到可以依赖的人帮助她。

▲ 亚伦正在他的球队——史塔布理治俱乐部带球突破，还进了一两个球。他还喜欢其他的体育项目，特别是板球，不过他很小的时候就开始接触足球了。他是一个狂热的曼联球迷，这种狂热源自于他的内心，我敢肯定，他这份热爱必将延续一生。

亚伦的记忆力非常出色，能够告诉你最近几个赛季里曼联所有场次的比赛结果。就算是我退役之后，我也会带他去看曼联的每一场主场比赛，当然也会去看些客场比赛。不过，他可是个"文武兼修"的小伙子——非常聪明，每门功课的成绩都相当不错。

◀ 艾丽西亚也非常有运动天赋,她在篮网球赛场健步如飞,勇往直前,不惧任何挑战。她的骑术也相当了得。她有一匹叫作"波士顿"的小马,她俩一同参加了许多次本地赛马会,还拿过不少锦标。

我的女儿对曼联就没有她兄长那么狂热了,细究下来,她居然丝毫没有受到亚伦的影响,还真不简单!不过,她还是喜欢去看比赛,我觉得这是因为,她喜欢看到她老爹的矫健英姿。

▼ 艾登有自闭症,还有相当严重的学习障碍,所以大多数体育项目他目前都还不能参加。不过他非常喜欢游泳。他似乎在泳池里特别自在,水性也特别好,他能够喜欢这种感觉,我也着实感到高兴。有些自闭症儿童怕水,但艾登是个例外。如果可以的话,他愿意每时每刻都在水里游泳,假期的时候,我们甚至要在泳池里喂他吃饭。

我们都希望他的病情能够好转,可大家谁也不能打包票。我们只是尽最大可能,确保他能有一个开心如意的生活。有许许多多的人都在帮助他,包括演讲和游戏治疗师——几乎所有能够提升他交际能力的人我们都请了。艾登沉浸在自己的世界里,好在他似乎对那个世界还很满意,对我们来说,也算是一种慰藉。我们总是尽全力帮助他参与到我们的活动中来,但我们不会强迫他做自己觉得不舒服的事情。

▲ 艾登并不喜欢拍照片,但这张照片拍得很完美。艾登喜欢被人挠痒痒,其他两个孩子也知道该如何让他高兴起来,所以努力帮助他在镜头前摆好姿势。在我看来,这也展示了他们是多么深爱彼此,能够看到孩子们相亲相爱真是再好不过了。

亚伦和艾丽西亚对艾登格外好。有个这样的弟弟对他们来说绝非易事,但他们处理得相当出色。他们并不会过分注意他,因为这样对自闭症反而不好,但他们仍会很用心地关爱他。而艾登也在回馈着哥哥姐姐的爱,这点也是不难看出的。

▲ 这张是我最喜欢的照片，斯科尔斯一家穿戴齐整，笑容可掬——连我都改变了不少呢！这一天是我和克莱儿结婚十周年纪念日，我们举办了一个典礼来重温当初的山盟海誓，然后度过了一个美妙的夜晚，庆祝十年的婚姻生活。你也瞧见了，其实我内心里也是相当浪漫的……

◀ 我们是一个亲密的大家庭。左边是克莱儿的父母——菲尔和玛丽，右边则是我的父母——玛丽（多么巧！）和斯图尔特。

▲ 也许你认出来了,这是我四个关系最铁的足球兄弟。大家伙儿正在我的十周年结婚典礼上开怀畅饮。我似乎开了尼基·巴特一句玩笑,菲尔·内维尔顿时笑得乐不可支,而他的哥哥则相当冷静,瑞恩·吉格斯的眼里却只有相机镜头……看起来我们已经干掉了两三瓶啤酒,但我敢肯定,战斗还远远未结束。多年以来,我们一起度过了许许多多难忘的夜晚,这天也不例外。

▲ 克莱儿和我在结婚典礼上享受时光——这次是别人的婚礼。

▲ 孩子们很高兴,居然能够看到跟他们老爹长得"一模一样"的人。2010年的一天,我们参观了迪士尼乐园。那天佛罗里达相当热,排队的人格外多,我都不知道我是怎么熬过来的,但亚伦、艾丽西亚和艾登都玩得很开心,这就足够了。

  我希望读过这本书的人能够意识到,我的家庭对我来说,就意味着全世界。虽然退役不踢足球了,我多少有些难过——这都是早晚的事——不过我知道,不论我做出什么决定,克莱儿和孩子们都会在身后支持我,这种感觉真的非常美妙。同样,支持我的还有我的第二个家——曼联,即便已经挂靴,我也永远不会背弃这家俱乐部。我每天还会去卡灵顿继续工作,所以我不会有任何抱怨。生活仍将继续——而我将对下一个篇章充满期待。

博比·查尔顿赠言

首先我必须先坦陈一件事。作为曼联俱乐部董事,我知道我不应当有个人喜好,但我毕竟不是圣贤,同样也是个人,所以必须承认一点——保罗·斯科尔斯是我最喜欢的球员。

事实上,我甚至可以这么说,到迄今为止的相当长一段时间内,他一直都是我心中的足球英雄。在我看来,如果我坦诚心胸的话,没有人会对此介意,也没有人会觉得受伤,因为不论作为球员还是普通人,斯科尔斯都绝对是一颗宝钻。

近些年来,我大多数时间都是在看台上观看曼联比赛。当你进入董事会的时候,你就能拥有很棒的座位,场上状况一览无余。而看过一场又一场比赛后,我内心愈发坚定地认为,保罗的确是一名大师,一名超凡卓绝的球员,堪称世界最佳。

世界上有那么一些球员,他们的确很有天赋,但是目光却狭隘到不能逾越自己的鼻梁。令人难以置信的是,保罗却是个鲜明的反例,他的心中似乎承载着整个球场。他能够以迅雷不及掩耳之势传出一脚绝妙无比的球,然后你会听见坐在你身旁并且很懂足球的人惊讶地发问。"他是怎么做到的?"他们会问,"他甚至连看都没有看一下!"他们唯独知道,自己正在见证某个神奇的时刻。

保罗还有一点让我青睐有加，那就是他整场比赛都在渴望获得皮球，他渴望影响比赛走势，渴望赢下比赛。很多人会选择在硬仗中退避隐遁，但保罗不是这种人，他总是随叫随到，料敌先机，勇担责任。他每次上场比赛都是这种状态。

接着说说他的进球。他是个相当高产的球员，大多数都是禁区外打进的远射，当然，尽管他身材矮小，但也不乏头球进门。他具备在关键时刻突然杀出的本能，例如在2010年春，曼彻斯特德比进行到最后一刻，他顷刻间拍马赶到，顶进了制胜一球。

他也是个勇敢无畏的人，像颗钉子一样坚韧不拔，从不惧怕拦截抢球。事实上，如果说保罗在比赛中有缺点的话，那就是当他受伤流血后，偶尔也会想要报复。当这种事情发生的时候——好在并不经常发生——他会不管不顾其他人对他的劝阻呐喊，很难再控制住自己，但这也是天性使然，你没有办法改变。丹尼斯·劳也有这种毛病，但并不妨碍他成为一名优秀的球员。

即便到了奔四的年纪，并且在重返赛场（对曼联来说，这是个多么好的消息呀！）前还体验了一把执教生活，在我眼里，保罗依旧是20世纪90年代初期，为曼联青年队效力的那个小伙子。我记得当时我问教练组有没有找到能够提拔到成年队的好苗子，他们出人意料地告诉我，竟然有五六个小家伙脱颖而出。然后，我问他们谁在这里头最拔尖，几乎所有教练不约而同地回答："保罗·斯科尔斯。"

等看到他踢球后，我立马理解教练员们的意思了。他当时还很年轻，个子也很小，但技术格外老成。他很有技巧，一脚触球令人惊叹不已，还掌握着一个弥足珍贵的窍门——立下决断，让对手措手不及。

简而言之，他身上具备一种难以形容的特殊品质，让他一步一步地成为巨星。不过这么多年过去了，即便是赢得了许多荣誉，他依旧是那个惹人爱、谦逊而不自负的小伙子，一如当初他刚来俱乐部时的样子。

我经常会在赛后出现在更衣室，跟球员们说几句话。似乎我跟斯科尔斯说的话永远是那句"踢得好"，因为他的表现始终如一。然后他会回我一个淡淡的微笑。不论他在场上的表现多么精彩绝伦，场下他总是谦逊有礼，很接地气。

我认为，他对自己的一切都很知足满意。因为他有自己的家庭，很自豪成为曼联中的一员，也很高兴能与自己青睐的俱乐部长相厮守。我很难想象他在其他俱乐部的情形。保罗·斯科尔斯的确拥有一股魔力，我们很幸运能够拥有这么一名出色的球员。毫无疑问，他就是我心目中的最佳！

我的职业数据

曼联
1994/1995 赛季至 2011/2012 赛季

荣誉：
欧冠冠军：2007/2008
联赛冠军：1995/1996、1996/1997、1998/1999、1999/2000、2000/2001、2002/2003、2006/2007、2007/2008、2008/2009、2010/2011
足总杯冠军：1995/1996、1998/1999、2003/2004
联赛杯冠军：2008/2009

替补出场在括号中标出。
"其他"包括英足总慈善/社区盾、欧洲超级杯、国际足联洲际杯、国际足联世界俱乐部杯。

1994/1995
联赛：6（11）场，5球
足总杯：1（2）场，0球
联赛杯：3场，2球
欧冠：0（2）场，0球
总计：10（15）场，7球

1995/1996
联赛：16（10）场，10球
足总杯：0（2）场，1球
联赛杯：1场，2球
欧冠：1（1）场，1球
总计：18（13）场，14球

1996/1997
联赛：16（8）场，3球
足总杯：2场，2球
联赛杯：2场，1球
欧冠：0（4）场，0球
其他：1场，0球
总计：21（12）场，6球

1997/1998
联赛：28（3）场，8球
足总杯：2场，0球
联赛杯：0（1）场，0球
欧冠：6（1）场，2球
其他：1场，0球
总计：37（5）场，10球

1998/1999
联赛：24（7）场，6球
足总杯：3（3）场，1球
联赛杯：0（1）场，0球
欧冠：10（2）场，4球
其他：1场，0球
总计：38（13）场，11球

1999/2000
联赛：27（4）场，9球
欧冠：11场，3球
其他：3场，0球
总计：41（4）场，12球

2000/2001
联赛：28（4）场，6球
欧冠：12场，6球
其他：1场，0球
总计：41（4）场，12球

2001/2002
联赛：30（5）场，8球
足总杯：2场，0球
欧冠：13场，1球
其他：1场，0球
总计：46（5）场，9球

2002/2003
联赛：31（2）场，14球
足总杯：2（1）场，1球
联赛杯：4（1）场，3球
欧冠：9（1）场，2球
总计：46（6）场，20球

2003/2004
联赛：24（4）场，9球
足总杯：6场，4球
欧冠：5场，1球
其他：1场，0球
总计：36（4）场，14球

2004/2005
联赛：29（4）场，9球
足总杯：5（1）场，3球
联赛杯：1（1）场，0球
欧冠：7场，0球
其他：1场，0球
总计：43（6）场，12球

2005/2006
联赛：18（2）场，2球
欧冠：7场，1球
总计：25（2）场，3球

2006/2007
联赛：29（1）场，6球
足总杯：3（1）场，0球
欧冠：10（1）场，1球
总计：42（3）场，7球

2007/2008
联赛：22（2）场，1球
足总杯：1（2）场，0球
欧冠：7场，1球
总计：30（4）场，2球

2008/2009
联赛：14（7）场，2球
足总杯：1（1）场，1球
联赛杯：2（1）场，0球
欧冠：3（3）场，0球
其他：3场，0球
总计：23（12）场，3球

2009/2010
联赛：24（4）场，3球
联赛杯：1（1）场，1球
欧冠：7场，3球
其他：0（1）场，0球
总计：32（6）场，7球

2010/2011
联赛：16（6）场，1球
联赛杯：2（1）场，0球
欧冠：4（3）场，0球
其他：1场，0球
总计：23（10）场，1球

2011/2012
联赛：14（3）场，4球
足总杯：1（1）场，0球
欧冠：0（2）场，0球
总计：15（6）场，4球

总计
联赛：396（87）场，106球
足总杯：31（15）场，13球
联赛杯：14（7）场，9球
欧冠：112（20）场，26球
其他：14（1）场，0球
总计：567（130）场，154球

仅有两人超过了保罗·斯科尔斯在曼联的697次一队出场纪录。他们分别是瑞恩·吉格斯（909次，至今仍在效力）以及博比·查尔顿（758次）。

英格兰队（1997年至2004年）
总计出场66次：64次首发，2次替补，进14球

致　谢

克莱儿、亚伦、艾丽西亚和艾登；
克莱儿的父亲和母亲——菲尔和玛丽，感谢他们在我出门在外期间帮助料理家务；
我的父亲和母亲——斯图尔特和玛丽；
我的舅舅帕特，感谢他多年来给予我莫大支持；
亚历克斯·弗格森爵士，感谢他为我做出的一切，包括他慷慨激昂的前言；
博比·查尔顿爵士，感谢他对我长久的鼓舞激励，包括他暖人肺腑的后记；
迪·劳，感谢他为告别赛做出的杰出工作；
哈里·斯维尔斯，感谢他的善意以及悉心指导；
马丁·塞克斯，感谢他为我的孩子们拍摄的精彩照片；
瑞恩·吉格斯，感谢他为此书提供的大力帮助。

最后，感谢这群"只说好话"的人：大卫·贝克汉姆、史蒂夫·布鲁斯、尼基·巴特、迈克尔·卡里克、斯文-戈兰·埃里克森、里奥·费迪南德、达伦·弗莱彻、保罗·加斯科因、格伦·霍德尔、凯文·基冈、布莱恩·基德、威尔夫·麦克吉尼斯、阿尔伯特·摩根、加里·内维尔、菲尔·内维尔、约翰·奥谢、加里·帕莱斯特、韦恩·鲁尼、特迪·谢林汉姆、鲁德·范尼斯特鲁伊、埃德温·范德萨。

保罗的合作者——伊万·庞廷想要感谢如下几人：

帕特、罗西和乔伊·庞廷；
瑞亚·哈尔福德，感谢他孜孜不倦的编辑和出版技术；
感谢西蒙与舒斯特公司的克尔·麦克雷、罗里·斯卡夫和利·安·布罗德本特；
感谢校对员罗林·杰拉姆以及美工雅基·考尔顿；
感谢曼彻斯特联的大才子克里夫·巴特勒；
感谢曼联图片社及华盖图片社的约翰·彼得斯、多彩体育图片社的安迪·考伊、华盖图片社的海莉·纽曼、通讯社的露西·格里高利、米罗皮克斯图片社的大卫·斯克利普斯、动作图片社的比利·罗伯森、越位图片社的马克·林奇、帕特里克·穆尼；
感谢曼彻斯特联的凯伦·肖特伯特；
感谢杰克·洛林、大卫·威尔逊、大卫·韦尔奇和莱斯·戈尔德。

图片来源

Action Images
vi,16 (above and below),17,19 (below),34,36 (above),37 (above),43,45,46,49,53,63,64,69,71,74 (left and right),89,97,108,120,121,122,138,141,147,149 (below),170,181,189,192,199,202,212,234,237, 236,242,244,245,247,248,249,251,254,270 (below),276,278

Colorsport
11 (above),13,14 (below),19 (above),22,23,27,30,31,40,48,50,52,55,56,58,59,60,62,72,75,77,78, 79,80,84,87,93,94 (above and below),102,105,107,112 (right),113,128,130,155,164,168,207 (below), 222,231,259,261,262

Getty
3,24,25,28,41,42,51,57,65,66,67,68,73,82,91 (above),95,103,106,109,110 (above and below), 112 (left),116,119,123,127,129,132,133,134,136,137 (below),139,143,144,148,149 (above),150, 156,157,159,162,163,166,167,176,177,179,180,182,183,184,185,186,190,191 (above and below), 194,195,196,198,200,201,203,204,209,214,215,218,219,220 (above and below),224,225,227,228, 229,233,235,237,238,240,252,263,266,268,269,270 (above),271 (above and below),272 (above and below),274,275,277,279,280,282,294

Mirrorpix
9,10,20,38,47,92 (above),171,213,216

Offside
11 (below) 12 (above),12 (below),14 (above),18,26,32,33,35,36 (below),37 (below) 44 (left),81,83, 86,90,91 (below),92 (below),96 (above and below),98,99,100,101,111,117,118,124,126,137 (above), 140,142,154,158,174,193,206,211,221,226,250,257,265

Press Association
44 (right),88,104,146,160,161,165,169,172,173,187,188,205,207 (above),208,210,217,230,232, 241,243,246,253,256,258,260 (above and below)

Courtesy of Manchester United
70

Courtesy of Liverpool FC
282

Courtesy of Paul Scholes
6,7,8,284,285,286,287,288,289,290,291,292,293